PORN ACTOR

AV男優になろう!?

著：木村ひろゆき

笠倉出版社

前戯《まえがき》

AV男優になりたければこれを読め！
めちゃくちゃだけど魅力的⁉
とある男優兼監督の見てきた世界

本書を執筆するにあたって……

はじめに、この本を手にとって下さった皆さまに、心から感謝の意を述べさせていただきたい。そして、まず本書を書くにあたっての、私の気持ちを伝えさせていただこうと思う。

なるように生きてきたら、いつの間にか、しがないAV男優兼監督になっていただけの私にとって、「AV男優になろう！」という趣旨を提唱する本を書くなんて、はじめはどうしたらいいのかわからない作業だった。頭をひねってひねって考えたところ、AV業界の辛いこともうれしいことも、楽しいことも全部、できる限りリアルに伝えた上で、「こんな世界いかがですか？」という思いで書く方が面白いかな、というところに至った。

ページによっては、「AV男優ってそんなに辛いの？」と思われるようなネタもあるかもしれないが、まぁ、世の中にある職業だって、楽しいことが全部なわけじゃない。「やっててよかった職業ランキング」なんてアンケートがあったとしたら、たぶん、AV男優も上位にくるような気もするし……。だって、私が懇意にしている男優たちは、皆、毎日笑顔で楽しんで仕事してるしね。そもそも、ドエロい美女とSEXしてギャラがもらえるなんて、それだけで夢のような職業でしょう？

完成したこの1冊は、世にはびこる、ただただ物事のよい面だけを並べた安い啓蒙書なんかより、断然、面白おかしくリアルな裏事情を収録した本にできたと自負している。

AV男優になりたくて読む人も、暇つぶしで読む人も、生々しき彼らの姿を知って、ビンビンに感じてほしいと思う！

木村ひろゆき

AV男優になろう！［目次］

巻頭特集

気になって仕方がない！

AV制作現場〝10の疑問〟

どんな疑問もお答えします。

インターネットが普及したことで、老若男女問わず、
ＡＶをよく見る人は増えてきています。
ですが、実際に、現場ではどんな状況で撮影しているのか？
ギャラや衛生面の話など、気になることはたくさんあります。
ここでは、まず、よく一般の方々から聞かれる
ＡＶ制作現場のアレコレをお教えいたします！

裸の男女が堂々と闊歩する？　凄惨なその光景はアマゾンのごとし？

AVを撮影する現場っていったいどんな感じなの？

「異様だな、と思うこともありますよ」

暴露File.1

現場の状況

Shooting Situation

作品を見ているだけでは、いまいちよくわからないAV撮影現場の実情。おそらく、男性であれば、1度は想像してみたことがあるだろう。私もはじめてそこに赴いたときは、「どれほど淫靡な空間なのか！」とドキドキしたものである。

一般男性にAV業界人だと打ち明けてから話をしたりすると、「AV撮影のときって、カメラの回っていないところでもスタッフと女優が性行為に及んだりしてるんでしょ？」などと、まるで、中学生男子の妄想みたいな質問をされることがあるが、そんなことあるわけがない。むしろ、エチケットはかなり徹底されている。

スタッフだって男優だって、裸で歩きまわったりしないし、女優は常にメイク直しの必要があるため、メイクさんとずっと一緒で、基本的に控室からは、出番のときとトイレに行くとき以外は出てこないものだ。

徹底されている安全管理。怪我をしたら大変です

撮影現場は、三脚に乗ったカメラや、音声、照明機器、それらに電源を供給するケーブルなどがたくさん配置されているため、狭い場所などで行なわれる場合は、結構、危ない。だから、機材にはクッション材が施されていたりと、安全管理もきちんとしている。

女性スタッフも増えている

近年のＡＶ撮影現場では、メイクさん以外の女性スタッフを見かけることも。元女優の人が引退したあとに、スタッフになったりする例が多いのだが、まれに、「ＡＶ制作に興味があって」という、かわいい女のコもいたりする。

現場を見学する機会などは基本的にありえないが、もし、はじめて見ることがあったら、「意外に普通で、エッチなハプニングの気配はないね」と感じることだろう。

しかし！　カメラが回りはじめれば、状況は180度変わる。素っ裸の男女が入り乱れ、汗と精液と愛液が飛び散りまくり、喘ぎ声がスタジオ中に響き渡る。SEXを行なう男と女を取り囲むのは、監督のほかに、AD、スチールカメラマン、VTRカメラマン、照明、音声など。だいたい総勢10人以上でAV撮影を行なっているのだ。

男の臭いが凄い!?　カラミ後の光景は凄惨なものに

男優の立場で考えてみると、何人もの男たち（最近は女性のスタッフも増えてきている）が、真剣な顔をして自分と女優を取り囲んでいるのだ。ある男優はその状況について、こう話していたのが印象的だ。

「目の前の女優に集中しているうちはいいんですが、なんの気なしに周りを見ると、やっぱり異様な光景だなぁ、と思うこともありますよ。カラミがはじまれば、みんな何十分も座らずに立ち回るわけだから、結構な体力を使うでしょうしね。時間が経つごとに険しい表情になっていくのが、わりと怖いと思うこともある（笑）」

ぶっかけ作品などの場合だと、そんな状況に加えて、何人もの汁男優が現場に入る。20人くらいにもなると、男の臭いが部屋に充満する、熱気もすごいのだ。衣装が脱ぎ散らかされていたり、あらゆる汁でビチャビチャになったシーツがあったり……大人数がカラミに参加したあとの状況は、凄惨なものになりがちである。

CHECK WORDS 【AD】Assistant Director

◎アシスタントディレクターの略。いわゆる助監督。ＡＶ現場のＡＤは、一般の映像業界のそれとは少し違い、「責任をとること以外全部」が業務の範疇に含まれる。場合によっては、男優として出演することも……。

暴露File.2

勃起の才

Talent for Erection

ＡＶ男優は性職人!! どんな状況でもビンビンです!

そんなに人がいる中でなぜ勃起ができるのか?

「なぜなら、彼らは〝プロ〟だから」

一般の方とＡＶについて話す機会があると、いまだに私が聞かれる質問の中に、「男優って本当に勃起しているの？」というものがある。日本のＡＶはモザイクが入っているため、そこの真偽を確かめられないというのである。もしくは、「第３者が見ている前でなんて勃起できるわけがないだろう」という人もいる。とはいえ、彼ら、ＡＶ男優をナメてはいけない。ズバリ、きちんと勃起しているのだ。

ＡＶ男優を目指す人は、実は星の数ほどいるもので、毎日のように、出演者を募集しているAVメーカーのホームページには問い合わせが殺到している。だが、そんな有象無象の人たちを、いざ、AVに出演させてみると、ほとんどの人は緊張して勃起しない。だが、10～20人に1人くらいの割合で、女優を前にするとビンビンにペニスを硬直させられる強者がいるのだ。

勃起する「才能」は男優のもっとも基本的な能力

さらに、そんな男たちのうち、1～2人ほどが監督やスタッフの指示を受け、その指令をこなしながらも勃起を持続することのできる能力を持っている。それは、カメラに撮られながら、魅せるカラミを行なうことができる、ということだ。だが、逆にいえば、AVに出演したいと思う者は多数いるものの、AV

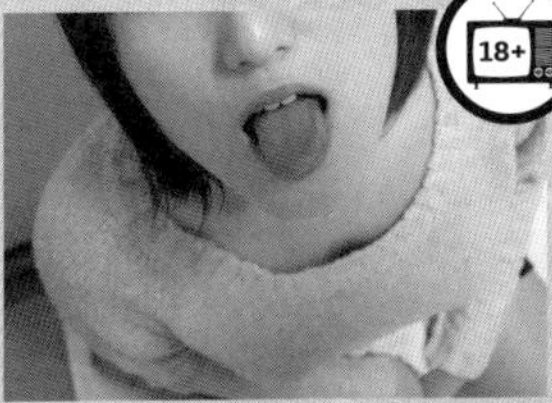

AV男優になれるのは狭き門？

そう印象付ける書き方をしてしまったが、男優の役割は多岐にわたるため、勃起力が弱くてもOKな場合はいくらでもある（ド淫乱女優による痴女ものなど。そんな作品は男優が男として弱い方がいい）。

男優としてカラミを行なう才能までを備えているのは、たったそれだけの割合しかいない、ということでもある。

そして、そんな才能があって、AVのイロハを完璧に学ぶこと（そもそも、マニュアルがあるような仕事では決してないが）ができてから、はじめてAV男優と呼ぶにふさわしい立場になれるのだ。

つまりは、すでに「AV男優」として作品に登場している人たちは、ただそれだけでふるいにかけられまくっているわけで、「本当に勃起ができるのか」とか「本当に勃起しているのか」などという疑問を彼らに投げかけること自体、はなはだ愚かなものだとわかるだろう。

ペニスが勃つかどうかより重要なことがある!?

勃起うんぬんより、男優にとってもっと重要なことは、現場で起こるさまざまなトラブルにどう対処するかということだ。撮影を連日こなしすぎて、女優が性器を痛めた状態でやってきたり、監督の指示が意味不明なものばかりだったり、共演の男優がいやな奴だったり、ギャラを撮影当日に値切られたり、女優の機嫌が悪くて八つ当たりされたりと……それらから比べると、勃起するかどうかという話は、さほど、たいした問題ではないのだ。

男優たちは、そんな各種トラブルを長年にわたって経験し、さらに、強固な心身を手に入れていく。10年、15年ものキャリアを持った人であれば、まさに〝超人〟というにふさわしい存在といっていいかもしれない。

さぁ、そこのあなた！ 美女とヤリまくれる超人になりたくないか！

CHECK WORDS 【キャリア】Carrier

◎AVはこの世に誕生して、まだ30数年しか経っていない歴史の浅いメディアのため、20年以上ものキャリアを持つ人はごく少数。そのため、5年以上の経歴があればベテランと呼ばれることもある。

暴露File.3

演技の真相

Do you act?

役を演じているからこそ、素を出せることもある

AVなんてしょせん演技!? 本当に感じているのか？

「斜に構えて見るのはもったいない」

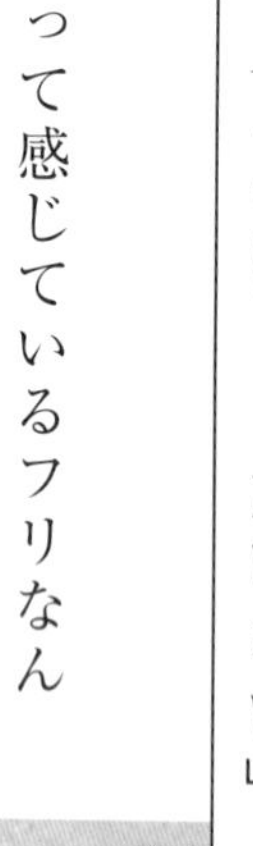

男同士の飲み会などで、「AV女優って感じているフリなんでしょ?」という話題はよく出る。男だけではなく、女性誌を開けば、「女はSEXでイッたフリをしている」という記事をしょっちゅう見かける。世の中には、イッたことのない女性が山ほどいるので、そういった記事も仕方ないように思う。それでも声を大にして言おう。

「AVでも本気で女優がイッていることも多い!」と。

もちろん、「1分後くらいにイッて」と、監督から指示され

て演技でイッたフリをすることもある(笑)。だが、監督だって本気でイッている姿を撮りたいのだ。男優だって本気でイカせたいと思っている。結局のところは女優次第なのだが、撮影が終わって「気持ちよかった〜」と、素で言う女優も実際に多いのである。

演技でいいという理由付けはイキやすい環境を作る

「女はSEXをするのに理由を欲しがる」という話はよく耳にするだろう。「酒に酔ったことにしてヤッちゃおう」など。これは、エクスタシーにもあてはまると私は思う。AVに出演して、イク演技をしているだけという理由付けがあるからこそ、素を曝け出してイケるのだ。演技と素、一見、反対のことのようだけれども、実は、それらは密接に関係している。その証拠

女性のエクスタシー

白濁液が出る男と比べて、女性は本気でイッているかどうかはわかりづらい。イッたことのない女性にとっては、「AVもプライベートも、すべての女性はイッたフリをしている」と信じて疑わない人も多い。

に、演技がうまい女優は、たいていSEXも相当エロい。

イキやすい環境という点では、撮影現場の雰囲気も大事な要素だ。「体勢が撮りづらい」などと、いちいち指示する監督ではノッていた感情も一気に引き戻される。私が監督としてほかの男優のカラミを撮るときは、指示を出すことは最低限にして、なるべく男優と女優が2人きりの空気感にひたれるように気を付けている。

客席で観てないで先に舞台に上がれ！

これはAVだけでなく、SEXについても言えることなのだが、男が本気で興奮して感じていることを女に伝えなければ、女も本気になんかならないということだ。言葉で伝えるのではなく、吐息や触り方など、所作で伝えるものだ。SEXという舞台を用意して、「さぁ、感じて見せろ」と客席で観ていてはダメだ。まず、自分が舞台に立って踊ってみせて、女を舞台に引き上げれば、女も踊りやすくなる。

大事なのは女優が本気で感じているかどうかではなく、本気で感じていると信じることだ。本気で感じてくれていると思うことで、男優や監督も本気になれるし、その本気が女優にも伝わり、本イキしやすくなるのだ。たとえ、女優が演技で感じたフリをしていただけだとしても、男がバカになればいいのだ。どちらかが先に本気にならなければいけないのなら、男が先にバカになろう。

読者の皆さんがAVを見るときも、「どうせ演技で感じているフリなんだろ」と、斜に構えて見るよりも、「本気で感じてる」と信じて見た方が気持ちいいオナニーができるのではないだろうか?

CHECK WORDS 【本イキ】Orgasm

◎演技ではなく、本気でイッちゃうこと。撮影が終了して、「本イキしちゃった〜!」と女優が言うことも多い。男優にとってはめちゃくちゃうれしい言葉。監督も演技ではなく本イキを撮影したいと思っている。

暴露File.4

撮影場所

Place of It

普通のハウススタジオから、温泉旅館、友人のアパートまで……

あらゆるところでSEX どんな場所で撮影？

「それはあなたのすぐそばで……？」

ＡＶ撮影の場所は、作品の内容によって多岐にわたる。もっとも、一般的な撮影現場として選ばれているのは、ごく普通の住宅街にある一軒家を使用したハウススタジオである。

民家として使われていたものを、管理会社が中古で購入し、リフォームや改装したりしてスタジオとして貸し出す。もともと、人が住んでいた場合が多いため、浴室やキッチン、リビングに寝室と、さまざまなシチュエーションに適しているので、ハウススタジオの利便性は非常に高い。

同じような理由で、マンションスタジオもAV作品によく利用される。マンションスタジオは、ハウススタジオより面積は小さいことが多く、利用料金がいくぶん安価である。

この2タイプのスタジオを使用する際は、近隣に住民がいる場合が多いため、早朝や深夜の出入り、機材搬入のときにうるさい音をたててしまうとトラブルになるので、注意が必要だ。

AVご用達の温泉旅館もたくさんある?

次にAV作品でよく見られるのが、温泉旅館だろう。ひと昔前は、スタッフと出演者が一般客として宿泊し、部屋内や個室の露天風呂で撮影したりすることもあったが、旅館側からのクレームが多発したため、最近ではあらかじめ許可をとることができた場合にのみ、撮影が行なわれている。

スタジオ化する温泉旅館

客が来なくなってしまい、潰れる寸前の旅館などを撮影で使うと、「AV業界って儲かるんだろうからウン十万円払いなさい!」などと迫られることも。私が利用していた旅館は、1日使って25万円という、高額な使用料だった。

ＡＶ業界では、撮影に使用させてくれる旅館の情報のやりとりが常に行なわれていて、関東一円を中心に「ＡＶご用達」として有名になった旅館や民宿も多い。一般の宿泊客の足取りが途絶えてしまい、廃館寸前の寂れた旅館などが、ＡＶ撮影にレンタルしたことをきっかけに宿泊料を高めに設定し、なかばスタジオのようになってしまったところもある。

ほかにも、撮影場所は内容によって変わるため、潰れた病院や廃工場、私設の体育館、個人の家や、女優自らの自宅で行なわれることもある。

ちなみに、ＡＶの撮影場所として、有名な「例のプール」は、都内某所にある由緒ただしきスタジオの一室だ。

都内だけでも毎日、相当数のＡＶ撮影が……

現在、管理しているスタジオの数は日本一とも言われるあるスタジオ管理会社は、東京都内だけに100件近いハウススタジオやマンションスタジオなどを管轄下に置いている。そのすべてで毎日、行なわれているわけではないだろうが、都内にはAV撮影スタッフに友好的なラブホテル（作品に部屋が登場すると宣伝になることもあるため）もたくさんあり、23区内だけでも、常日ごろからさまざまな場所で、AV撮影が慣行されているのである。

私もこれまでに、自分の撮影の場合ではなく、どこかの制作スタッフが、AV女優らしき女性にインタビューをしながら道を歩いている姿を目撃したことがある。

もし、時間がある方なら、丸1日、都内を歩きまわってみれば、撮影中のクルーに出会うことがあるかもしれない。

CHECK WORDS 【ハウススタジオ】House Studio

◎作品によって使われるスタジオは千差万別。テレビ番組なんかで、使ったことがあるスタジオが出てくることもあり、「あのソファ、こないだ女優が吹いた潮でビチャビチャになったなぁ」などと回顧したりもする。

暴露File.5

避妊法

Birth control

昔はナマが常識!?　中に出しちゃってプロダクションに怒られた男優も

やっぱりナマが男の夢 コンドームは着けてるの？

「装着にはさまざまなテクがある」

私がＡＶ業界に入る以前、昔はコンドームを着ける認識が甘く、撮影でもナマで挿入していることが多かったらしい。なかには騎乗位で我慢できずに膣内に射精してしまい、プロダクションに怒られた男優もいたそうだ……。

今は、基本的にコンドーム着用が義務付けられている。男優と女優が性病検査の診断書を持ってきて確認し合い、ピルを服用し、お互いの同意の上で中出し作品を撮影することもあるようだが、私が撮影する現場ではしたことがない。

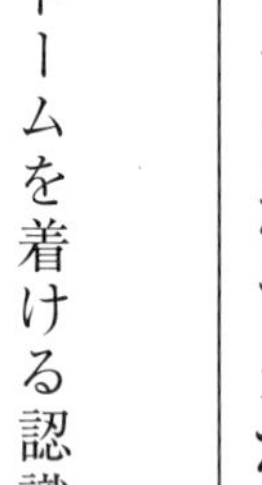

とはいえ、コンドームを着けてますよ、とユーザーに見せるのは夢を壊してしまうので、着けるシーンはカットしている。うまい男優だと、カメラが女優の顔を撮っている隙にサッと装着する。男優にコンドームやローションを渡すのが、ADがはじめにする仕事だ。置いていたローションを倒してしまって、床をローションまみれにしてしまうのは「AV現場あるある」だ。ナマに見せるために、先溜めなしのコンドームを使用することもある。

射精時にはカメラの外でコンドームを外して、発射する。私が男優デビューする前、オナニー中にゴムを着けて、射精時に外す練習をしていたのはよき思い出である（笑）。

ちなみに、女性向けAV作品ではコンドームを着けるシーンを入れるのは必須らしい。コンドームを着ける男の優しさにキュンとくるのが女心だそうだ。

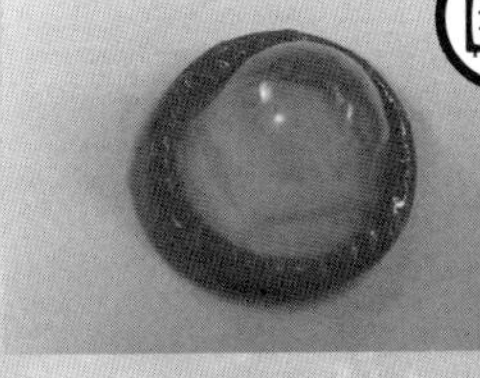

先溜めなしのコンドーム

「ナチュラルフィット」などの名称で、先っぽの精子溜まり部分がないコンドームが市販されている。ナマ挿入に見せるためにＡＶ現場では重宝されている。お店ではなかなか売ってないので、ネットで購入することが多い。

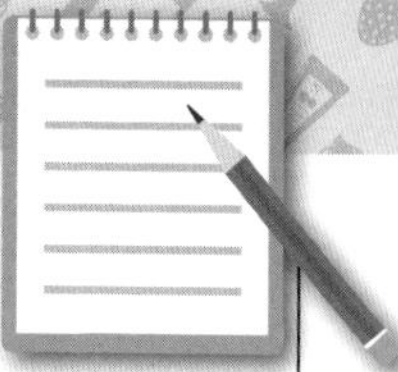

一般人でも恐ろしい性病……男優や女優はどうやって回避している？

AV男優たちは性病にかからないの？

「むしろ、一般の方より安全ですね」

毎日のように性行為をするAV男優たち。性病にかかる危険が大きいのでは？ と思われるかもしれないが、男優も女優も、基本的に性病にかかることはない。なぜなら、彼らは定期的な性病検査を受けており、撮影時には診断書の提出確認が義務付けられているからだ。

もし、診断で陽性反応がでてしまった状態で撮影に行ったたら、確認作業の際にバレて、仕事をさせてもらえない。そのようにして、AV業界は、性病の侵入と広がりを防止しているの

暴露File.6

性病

Preservative

である。

また、男優は日ごろから性病だけでなく、風邪などの感染症をはじめ、あらゆる病気や怪我に気をつける生活を徹底している。多忙な売れッコＡＶ男優ほど、プライベートではやたらに遊ばないものだし、健康的で規則的な生活を心がけ、免疫力も常に高い状態を維持しているのである。

むしろ、人生で１度も、性病検査を受けたことのない人より、月に何十人も女性とＳＥＸをしていようとも、きちんと検査を受けているＡＶ男優の方が、病気に関しては潔癖であるといえるだろう。

後述（２１６ページ）するが、これからＡＶ業界を目指す人たちへのアドバイスとして、性病予防の方法や、万が一性病にかかってしまった場合の対処などを、もう少し詳しく紹介している。そちらもぜひチェックしていただきたい！

ＡＶ男優は潔癖

女性を抱くことが生業の彼らは、病気にかかるかどうか以前に、清潔でいることに気を遣う。さらに、１日に何度もシャワーを浴び、肌が荒れがちになるので、スキンケアにも余念がなく、いつもクリームのいい匂いがするのである。

男優最大の武器であるおちんちん♪　とっても気になるのはサイズです

やはり、ペニスがでかい人ばかりなの？

「短小包茎の人も、たくさんいます」

ちなみに、私のソレのサイズは、勃起時で約13センチ（どこで調べたのかは覚えていないが、確かそれくらいが日本人男性の平均だったかと思う）。友人や、仲のいいＡＶ男優と比べても、大きい方ではないと思う。だが、それでも、ハメ撮りをする際に不自由を感じたことはないし、困ったことなど、これまでに1度もない。私よりサイズが小さいのに、人気男優として活躍している人もたくさんいる。

とはいえ、小さい人と大きい人、どちらの方が多いかと聞か

暴露File.7

ちんサイズ

Size of the Penis

れると、大きい人の方が多いかもしれない。なぜなら、ＡＶ男優として毎日のようにＳＥＸしていると、自然とサオが肥大化していくものといわれているからだ。ある男優は、男優業をはじめて２年ほど経ったときに、ペニスのサイズを測ってみると、１センチ近くも大きくなっていたという。あくまでその男優の自己申告だから、真偽のほどは定かではないが、それでも確かに、男優の平均サイズというものを考えると、私より大きい人の方が多いのは、あらゆる男性器を見てきた経験上、断言できる。フェラチオシーンの際は見栄えのために、ペニスを煽って撮るので、そう見えてしまうだけかも知れないが……。

最後に、ＡＶ女優は平均以下のサイズを好む人が多いということを伝えておこう。彼女たちは、１日に何度もＳＥＸシーンを撮影し、売れッコともなると、それが毎日続くために、女性器を痛める可能性のあるデカマラを嫌う傾向があるのである。

ＡＶ女優はデカマラが嫌い！？

ＡＶ撮影の現場では、その傾向の方が強いといえる。ただし、私の私見ではあるが、女性はそのときの気持ち次第で性器の状態も変わるもの。気分が乗っていたりすれば、サイズの問題はあまり関係なく受け入れてくれる。

暴露File.8
出演料
The wages

どうせ男優になるなら、がっぽり稼ぎたい!!

やはり気になるお金の話 男優の給料っていくら？

「ギャラは自分で決められます」

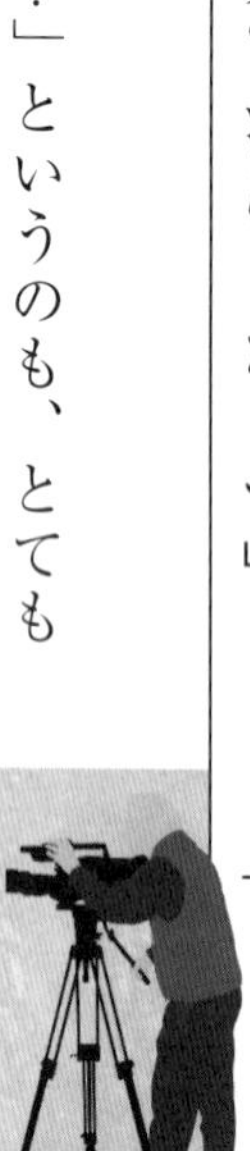

「ＡＶ男優のギャラってどれくらいなの？」というのも、とても気になる話だろう。しかし、彼らのギャラは人によってまったく異なってくる。ほかのページでも、そのときどきによる金額をちらほら書いているので、ここでは最低金額と最高金額（推定）の話をしよう。

最低金額は、ズバリ0円。厳密にいえば、交通費や弁当代をギャラに代えたりする場合もあるので一概にはいえない。たとえば、ＡＶに出演すること自体を目的としている、イチファンの人（男優とはいえないかもしれないが）や、支払う側の制作会社などと成功報酬契約をする人もいるので、下手を打ってしまい、自分でギャラをもらうわけにはいかない、と判断したときなど、出演料がまったく発生しない場合もある。

逆に最高金額は、私が聞いた話だと１本10万円。そのギャラを受け取った男優は、普段は１本６万円で仕事を受けている人だったが、ある撮影をしていたときに、内容がハードすぎることに文句を言うと、４万円をプラスしてくれたのだとか。

私が監督する際に、毎回呼んでいる男優はみな３万円ほど。その中にも、「１日いっぱい拘束するなら、プラス５千円」という人や、「半日なら少しまけてあげる」といった人もおり、結局のところ、ＡＶ男優もフリーランスなので、ギャラは自己申告制。自分の値段は自分で決めている人がほとんどなのだ。

自分のギャラは自分で

言い値で自分の価値を決められるため、うらやましいと思う人もいるかもしれないが、高めに設定してしまうと相当のプレッシャーにもなる。ギャラを上げてしまえば、それだけ、呼んでくれる人に対して強い責任を負ってしまうのだ。

暴露File.9
挿入
Insert

あたりまえだけど……モザイクがあるからわかりづらい!!

ペニスの行方はどこ……本当に入れてるの？

「女優と男優の同意のもとに」

ズバリ、基本的には入れている。ただし、ドラマシーンが、カラミより重要なピンク映画のような作り（本当に入れているかどうかより、性行為中の表情などのお芝居を大切にする作品）の場合は、入れたフリで行為をすませてしまうこともある。そういった作品の場合、あらかじめファンの人たちも事情をわかっているので、特に問題にはならない。

ＳＥＸシーンを撮影する際は、24ページでも触れているが、女優と男優が避妊具（主にコンドーム）をしていることをきち

んと視認し、これから行なう行為に対してお互いの同意のもと、撮影を慣行している。ごくたまに、女優がとてもスケベ好きで、入れるだけに留まらず、行為が終わったあとにもペニスにむしゃぶりつき、今度は口で精液を搾りとる、なんてハプニングも！

最近のAVは、内容の多様化が進み、入れるシーンがまったくないのに、手コキやパイズリ、フェラチオといったオーラルSEXプレイのみで構成された作品、本物のアロマエステよろしく、ねっとりと長時間、男優のからだをマッサージし続けるだけの作品、女優が男優の顔面に性器を擦り続けるだけのフェチ系作品、果ては男優がまったく登場せず、かわいい女のコがひたすら排便をするだけ……なんていうマニア系作品にも一定数のファンがおり、必ずしも、「入れなければAVとして成り立たない」というわけではないのである。

挿入のないAV

代表的なシリーズは、フェラチオものだろう。最近は、ペニスをしゃぶりながら、男優の乳首をこねくりまわす痴女系が流行しており、むしろ、「入れるシーンは余計！」と声を荒げて叫ぶファンもいるくらいである。

暴露File.10

1日の動き

1 day of an actor

人気男優のある日のスケジュールをそのまんま大公開

朝は早くて夜は遅いAV男優の1日って？

「実働するのは朝から深夜まで」

こちらもAV男優各人によって、大きく違いがでてしまうため、とりあえず、1日に2つの撮影現場をハシゴするくらいの人気男優・餅月（仮名・27歳）を例にして紹介しようと思う。

まず、朝は8時起き。それから歯を磨き、シャワーを浴びて、バナナとプロテインとビタミン剤の朝食をとる。現場へ持参する衣装や自作の飲み物、エチケットセットは前日の夜に揃えて玄関に置いてあるので、家を出る時間までは先のスケジュールの確認をしたり、テレビを見たりと自由時間。

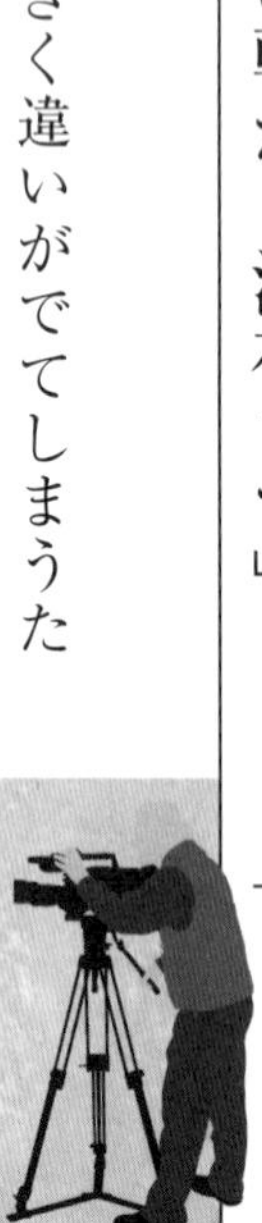

9時半に出発、新宿の自宅から池袋のスタジオまで自転車移動。ゆっくり走って30分ほどで到着。指定された時間ちょうどにスタジオに入る。ほんの2時間前に浴びたばかりだが、ADからバスタオルを渡されて、再びシャワーを浴びる。肌に乾燥防止のクリームを塗り、カラミ用のパンツに履き替えてスタンバイ。11時よりカラミシーンの撮影を開始し、1時間で終了。

用意された弁当を食べながら30分ほど休憩。スタッフ、共演者の男優、女優に挨拶を済ませたらスタジオを出て、いったん帰宅。この時点で13時過ぎ。

次の現場は市ヶ谷のスタジオに17時のため、空いた時間に洗濯をすませる。軽く昼寝をして、16時すぎに出発、16時半の少し前に2つめのスタジオ入り。今度はドラマ作品のため、渡された台本をしっかりと読みこむ。このときは、現場の進行が押していたようで、従来の出番予定である18時を大きく過ぎた、

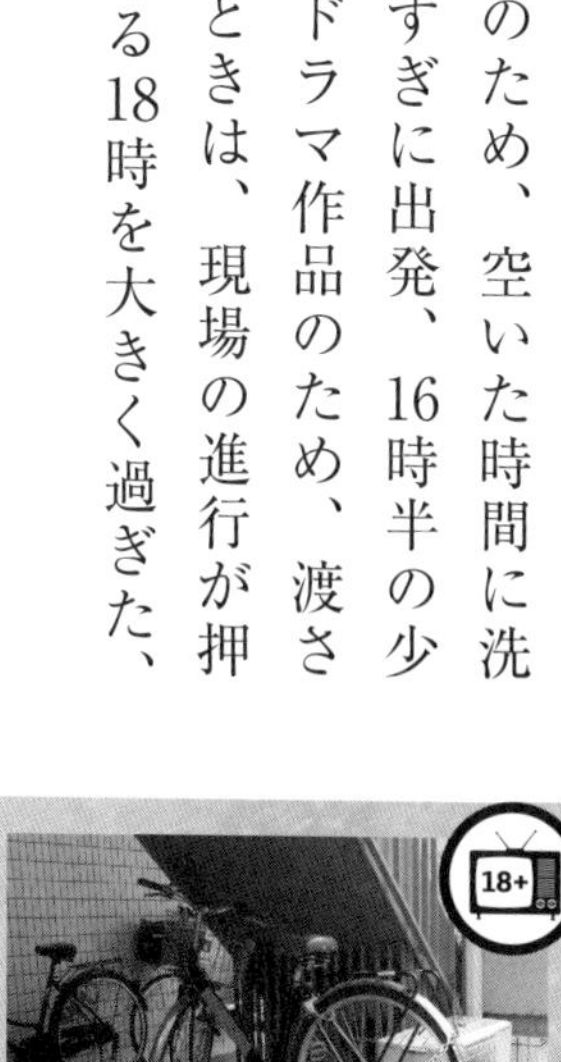

移動は自転車で

最近のＡＶ男優たちは、渋滞や遅延の心配もなく、からだを鍛えるという意味でも、移動にはもっぱら自転車を愛用する人が増えている。特に、都内の移動であれば、車より電車より便利な場合が多い。

20時半から出演のシーンがスタートした。

すべてが終わるのは、日付が変わってからで……

そこは順調に進み、21時ごろにカラミパートの撮影へ。1つめの現場と同じく1時間ほどで終了。この時点で22時半近く。こちらの現場はさらに、いくつもの芝居シーンがあったので、すべてが終了したのは午前1時を回ったところだった。その翌日にも、朝8時集合の現場を控えていたが、帰宅できたのは午前2時ごろ……就寝したのは、さらにその1時間後だった。

彼はかなりの人気男優の部類に入るため、途中、少し自宅に帰る余裕はあったものの、実働するのは朝から深夜まで。これを見るとわかる通り、かなりの体力勝負といえるスケジュールなのである。

CHECK WORDS 【進行が押して】Delay of Progress

◎ドラマ系の作品では、芝居シーンに監督のこだわりが強く出るため、男優も女優も苦労し、時間がかかる場合が多い。彼らはあくまでＳＥＸのプロであり、純粋な役者ではないので、仕方のないところではあるが。

第1発目

これだからやめられない！

AV女優たちとの〝幸せセックス〟

一生、忘れられません。

ＡＶ制作へのあこがれを抱く人たちにとって
もっとも興味をそそるのが、女優たちではないでしょうか。
画面だけでも十分、彼女たちの魅力は伝わってきますが、
はじめて、現場で触れあったときの衝撃は今でも忘れません。
とろけるフェラチオ、恐るべき名器など、
あまりに幸福すぎるセックスを自慢しちゃいます！

真性のＳＥＸ好き！　男の妄想を実現化したようなハメたがりの女!!

撮影終了後も朝まで ヤラせてくれた人気女優

「一緒に寝ようよ……」

お相手

宮崎ゆみ

（仮名）

23歳

「お風呂は別々に入るんですね。めんどうだから一緒に入っちゃえばいいのに」

ゆみはそう言って、小柄ではあるが健康的に引き締まった、美白のからだをクネらせながら、監督だった私にはにかんだ……。彼女は、ＡＶになんて出演しそうにない純朴なルックスで、その日の朝に初めて会った男に対して、そんなセリフを吐くような女性にはとても見えなかった。性格は明るく、他愛のない質問を浴びせても健気にこたえてくれる。屈託のない笑顔がとてもまぶしかった……。

まず、初めに紹介するのは、ＡＶ業界に憧れを持つ男性ならば、誰もが1度は妄想するであろう「オイシすぎる」お話。しかもその相手が、知る人ぞ知る人気ＡＶ女優なのだから、当事者の私にとっては、思い出すだけで勃起してしまう、たなぼた的な体験であった。

2人きりの空間で、常に誘いの表情を見せる

集合場所に現れた彼女は、ダッフルコートに顔の半分までを埋めた可愛らしい格好で、都会の風景の一部に溶け込み、その存在感はとても希薄に感じられた。各メーカーより発売されていた作品は売り上げもよく、デビューして1年ほどで人気女優になっていたので、一介のＡＶ監督の私も、その名は知っては

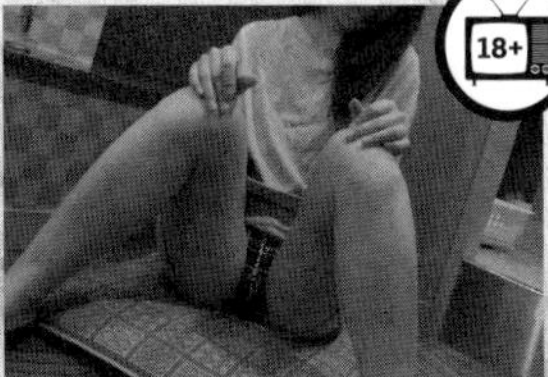

一見するとごく普通の女性が…

AV女優の数は数万人とも言われ、一説によると人口の多い街を歩けば、すれ違う30人に1人はAV女優といわれている。ゆみ嬢のようにパッと見は普通の雰囲気の女性でも、実はスケベなAV女優ということが往々にしてあるのである。

いた。

その撮影は、真冬の温泉旅館で行なったハメ撮り。現地に着くと、予想していたとおりの雪景色が広がり、九州生まれの彼女は、雪を見るのも珍しいことだと言って、まぶしい笑顔を見せた。この日は、完全に2人きりの撮影だったので、はたから見ればカップルのようだっただろう。部屋付きの浴室で、それぞれにシャワーを浴びたが、そこでさっそくカラミを始めようと言わんばかりに裸を見せつけてくる。

いっそのこと、慣らし運転よろしく1発ハメてやろうかとも思ったが、それはあとのお楽しみにして準備を進める。そして、撮影開始。カメラを向けた瞬間に、潤んだ瞳へと変貌した彼女の表情はとても扇情的なオーラを放っていて、たまらず私はその唇めがけて、欲情を吐き出すように接吻をしたのだった。

何発もハメたその日の夜……さらなるおねだり！

日が暮れるまでの間に、計2回のＳＥＸを慣行。彼女の性器は締りがよく、1回2回の射精ではとても萎えることはなかった。結局、この日は4回もの行為を済ませ、あとは翌日の朝に、露天風呂でのカラミを撮ってスケジュールは終わるはずだった。

そのために、夜は早めに寝ようとしたのであるが、さすがハードな内容の作品にも多数出演してきた人気ＡＶ女優というべきか、体力があるのだろう。寝る前に晩酌をし、数時間にも渡り世間話をすることになった。そうこうしているうちに、時刻は午前2時を回る。いい加減床につくと、性交中と同じような潤んだ瞳で、彼女は私に言った。

「せっかくなんだから一緒の布団で寝ようよ」と。

撮影現場で予定されていないＳＥＸをしてしまうのは、ＡＶ業界では御法度のひとつだ。それなので、一緒の布団に入り、

可愛らしい見た目と裏腹に…

基本的にAV女優という人たちは、あくまで仕事としてSEXをするもの。どんなに感じようともどこか心根は冷めているのだが、まれにゆみ嬢のように本気で男を誘惑し、カメラも忘れて行為をする人もいる。

彼女が「撮影外」のＳＥＸを誘ってきたときは、本当に困惑をした。だが、彼女は、ここまででわかるとおりのスケベ好きだし、恐らく男を誘って断られたことがないのだろう。

にじみ出る性的な自信と、狡猾なお色気が容赦なく私の股間を刺激する。悩んだ末に思いついたのが、

「とりあえず、カメラを置いて録画しておこう！」

という案だった。これなら「撮影外」にはならないし、元よりこの撮影は、「可能な限り何度もＳＥＸすること」という条件のもとに行なわれていた、特別なものだったのだ。だから、ろくな画など撮れるはずがない状況（実際、暗がりの中では声しか録画されていなかった）であっても、言い訳とペニスが勃つわけで、いざ、欲望むき出しのまぐわいが開始された。

男冥利に尽きる言葉をいただき超感動！

それはまさに、獣の交尾ともいえるようなSEXで、言葉も少ないまま、貪るように互いの全身をなめ合い、挿入すれば昼間の性交とは比べようもないほどのイキっぷりを、彼女は連発していた。その日はすでに、4回も射精していたにもかかわらず、私も興奮が最高潮に達してしまい、結局、夜が明けるまでペニスは萎えることなくハメ続けたのであった……。

ぐったりと果てたあとに彼女が言った言葉が、男として非常に名誉なもので、感涙寸前にまで達したのをよく覚えている。

「今までのSEXで一番よかったかも……またしようね」

それ以来、残念ながら再会の機会は訪れてはいない。だが、順調に出演作品数を伸ばしている彼女をネットで見る度に、いまだあの一夜を思い出し、股間が盛り上がってしまう私がいるのであった……。

CHECK WORDS 【ハメ撮り】Hamedori

◎女優と男優（もしくは監督）が1対1となり、男がカメラを持ち、自ら撮りながらハメるという撮影形式。スタッフが周囲にいないため、プライベート感を演出でき、素の表情を女優が表現しやすいメリットがある。

それはまさに未知なる体験!!「サオが消える瞬間」を知ってるか!?

ペニスが溶けそうなほどフェラがうまい絶世の美女

「彼女の口とペニスが同化して……」

お相手

光間志穂

（仮名）

32歳

私がAV男優業をしていて経験したうれしいことのなかでも、1、2を争う衝撃を受けたのが、光間志穂という熟女系の女優からほどこされたフェラチオである。

彼女は一見すると地味な見た目ながら、色白の巨乳と、いかにも押しに弱そうでアンニュイな表情が濃厚なエロスを醸し出していて、一部のファンから熱狂的な支持を受けていた人だった。

彼女の相手をすることになったのは、AVメーカーに在籍していたときに、監督が、「予算を減らしたいから」といって、タダで使える私をフェラ男優として起用したからであった。正直にいうと、そのときは、「別にフェラ男優なんて安く呼べるだろ」と、心の中で愚痴を浮かべるくらいで、彼女にしゃぶられることにうれしさを感じたわけではなかった。

だが、その数十分後に、あんな特異な体験をすることになるとは……。

ぬくもりある口内、ねっとりした舌の動き……

女医役の彼女が、患者役である私の股間を触診しているうちに勃起させてしまい、鎮めるためにフェラをするという、いかにもＡＶにありがちなシチュエーションで撮影がスタート。台本通りのセリフをつぶやきながら、ゆっくりと太ももからペニ

妙にエロいＡＶ女優

38ページで紹介したゆみ嬢や、光間さんのように、ＡＶ女優だからというわけでなく、もともとのお色気がムンムンだったり、素でスケベな女性がいる。そういった人にとってはＡＶは天職であるといえるだろう。

スへと手を移動させる彼女。触り方が妙にエロくて、その時点で「この人は普通と違うかも」という思いに駆られた私の股間は、すでにフル勃起状態。早々にズボンを脱がされ、パックリとくわえられたわけだが、その瞬間に、全身の毛がゾワッと逆立つような、凄まじい快感に襲われた。

しゃぶり始めた時点で、すでに彼女の口内はあたたかい唾液に満ちており、まるでペニスだけが温泉に浸かっているような気持ちよさ。さらに、優しく、それでいてイヤらしく絡みついてくる舌の動き。その快楽は、言葉で表すのが実に難しいほどで、強いていうなら「極楽」の一言しか頭に浮かばなかった。

時間にして、30秒ほどくわえられただけで、すでに射精感が高まり、私は腰をクネらせ、悶絶しながら暴発しないように耐えていた。その様子を伺いながら、チラチラと潤んだ瞳を向けてくる彼女。その表情がまた淫らで、興奮をより煽られてしまう。もう我慢の限界だと悟り、監督に目配せすると、「まだイクな!」という意志を込めたにらみを利かせられてしまう。

そしてついに辿り着く……神秘の極楽体験!!

意地でも耐えてやろうと決心した瞬間だった。突然、サオの感覚を喪失してしまったのだ。いや、正確に表現すると、「あまりにも気持ちがよすぎて、麻痺状態となり、彼女の口とペニスが同化したような感覚になった」という感じか。その快感を得た瞬間に、あえなく射精。台本に従えば、顔にぶっかけなければならなかったが、あたたかい彼女の口内にたっぷり放出してスッキリ。監督にはもちろん怒られたが、そんなことはどうでもいいと思えるのほどの、至高の体験であったのだ。

CHECK WORDS 【至高の体験】 Gold Experience

◎AV男優をしていると、「実は大変そうだよね」と思われたり、実際、大変なこともあるのだが、このような究極の快楽を経験することも。このクラスの体験は、おそらく一般社会では、一生得ることはないだろう。

これがミミズ千匹⁉ 何百人とヤッた中で1番の名器！

何度射精してもヤレる？ 超名器の若妻ＡＶ女優

「入れた瞬間にペニスが消えた！」

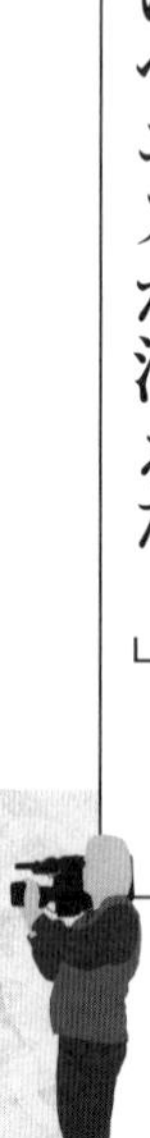

お相手

三村香織

（仮名）

29歳

熟女メーカーで社員として働いているころに撮影をしたのが、若妻系ＡＶ女優の三村香織だ。朝の挨拶をしたときから真面目そうな印象で、ベタだが、「どうしてこんな人がＡＶに⁉」と、感じた。撮影は２本目らしく、まだまだ初々しかった。

結婚して２年、子どもはいなくて事務で働いているという。いい意味でどこにでもいそうな清楚美人。会社でもマドンナ的存在になっていることだろう。学生時代から社会人に至るまで、女性に相手にされてこなかった私にとって、こんな普通の美人とヤレるのかと朝からテンションはＭＡＸになった。

からだも私好みの美肌スレンダーボディ。撮影開始前の時点で、私のペニスはすでにギンギンになっていた。

いよいよカラミ撮影！　想像を遥かに越える名器

簡単なドラマシーンの撮影を終えて、まずは共演の男優とのエロシーンを撮影した。挿入しようとするがヤラせてもらえず、フェラ抜きしてもらうというシーンだったのだが、男優が台本を無視して挿入させてくれと懇願してきた。プロダクションとの契約で、カラミの回数は決まっている。「お前にヤラせたら、俺がヤレないじゃないか」と、内心思いながら、断固として拒絶した。

いよいよ、私とのカラミシーンの撮影になった。キスをした

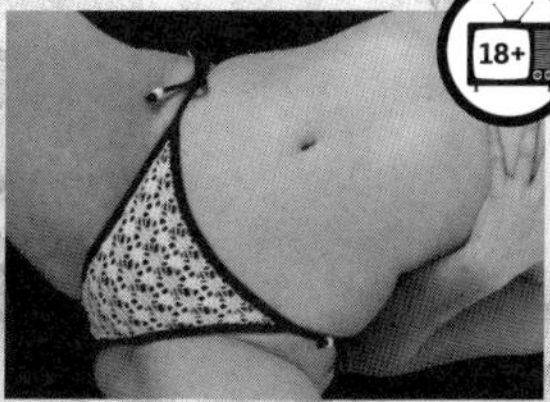

消えるシリーズ

前ページの光間さんのフェラチオもそうだが、どうやら、性行為における究極の快楽とは、接触部が「消える」という感覚だと思える。これは、実際に経験してみないとピンとこないだろう。ぜひ、その体験をするためにＡＶの世界へ！

だけで、グショ濡れになったアソコに指を入れる……今まで味わったことのない感触だった。指に膣壁が絡みついてくる。締め付けるわけではなく、包み込まれるように……。これが名器・ミミズ千匹なのか。指ですら気持ちがいい。どおりで男優が挿入させてくれと懇願してくるわけだ。コンドームを付けていよいよ挿入……。

入れた瞬間にペニスが消えてなくなった。感覚がないというわけではなく、一体化してペニスと女性器の境目がわからなくなったのだ。あまりの気持ちよさに、動かす前にドピュドピュと射精してしまう。コンドームを付け直して、再度挿入。今度は射精をグッとこらえてピストン。動かすとさらに気持ちがよかった。終わりたくはなかったが、終了時間は迫っている。2発目とは思えないほどの大量の精子を、彼女の小ぶりな美乳に発射した。

撮影後、彼女を駅まで送りながら世間話をすることができた。夫とのSEXはすぐ終わってしまうから、AVではじめてSEXの気持ちよさを知ったと話していた。あの名器なら旦那さんも1分ともたないだろう。だが、名器にナマで挿入できる旦那さんをうらやましく思った。ゴムを付けてあの快感なら、ナマならどんな感触なのだろうか……。

その後、何本か作品を出して彼女はいなくなった

その後、彼女の芸名を検索すると、何本か出演したようだが、1年もしないうちに彼女は業界からいなくなった。今、どうしているのかは知るよしもないが、幸せに過ごしていることを願わずにはいられない。あれから10年近くの月日が経ったが、いまだに彼女を超える名器とは出会えていない。

CHECK WORDS【ミミズ千匹】Supreme Vagina

◎膣の内壁が、数多のミミズがうごめくように動く女性器を形容する言葉。内壁が陰茎に絡みつくように刺激を与えることから、名器の中でも気持ちよさは1番と言われている。数千人に1人という超レアな名器。

撮影といえど、お互いに感じ合って求め合うのが幸せなSEX!

撮影外でもいちゃつき……女神のような女優とSEX

「まだ時間あるよね……」

お相手

飯田里穂

(仮名)

38歳

熟女メーカーに入社し、監督としてデビューしたてのころに出会ったのが飯田里穂さん。初めて会ったのはほかの監督の現場にADとして参加していたときだった。その現場は2人の女優さんを撮影していて、空いている女優さんをADがハメ撮りする現場だった。男優としても駆け出しだった私は、若干緊張しながら里穂さんとのハメ撮りに挑んだ。

私の緊張を感じ取ったのか、里穂さんは優しくリードしてくれた。里穂さんが本気で感じてくれているのが伝わってきて、私も本気で興奮しまくり、カメラを忘れてハメ狂った。射精が我慢できずに、予定より早く撮影が終わった。カメラの停止ボタンを押した後に「まだ時間あるよね？」と、香織さんはキスをしてくれ、時間いっぱいまでイチャイチャし続けてくれた。

こちらが本気で感じていることを相手に伝えることがＳＥＸには重要なこと。ということを、思えば里穂さんに教わった気がする。ハメ撮りを編集した監督から「カメラがめちゃくちゃだよ！」と怒られたが、完成した作品を見ながら何回もオナニーした。

初めての私利私欲キャスティング

後日、プロデューサーに「撮影したい女優はいるか？」と聞かれて、真っ先に里穂さんを提案した。前回の売上もよかった

不意に訪れる再会

引退する女優も多いが、長く続けている女優とは再会することも多い。そういうときは感情移入できるので、より興奮して、気持ちいいＳＥＸができる。撮影が終わり別れるときは寂しいが、その分だけ再会したときの喜びが増すのだ。

らしく、すんなりとキャスティングが決まった。

その企画は温泉旅館に泊まりで行くドラマ物の撮影で、男優兼監督が私だった。里穂さんを思い出しながら台本を書いた。再会を喜びながらも再び訪れる別れを悲しむという、まさに私の感情を入れた台本に仕上がった。里穂さんも感情移入してくれ、別れを惜しみ涙を流しながら最後のカラミに突入した。演じているのか素なのかわからなくなるほど没頭してハメまくった。それは里穂さんも同じだったようで、本気でイキまくってくれた。あまりの気持ちよさと別れたくないという感情でいつまでもハメ続けた。泊まり撮影なので何時まででも撮影できた。興奮は絶頂を迎え、大量の精子を発射した。

カラミが終わって時計を見てみると、2時間もSEXをしていた。今までで最長のカラミ時間だった。その作品は通販サイトでの評判も上々で、大ヒットと呼べる売上枚数を記録し、伝説的な作品になった。

里穂さんを忘れられずに…6年後の再会

熟女メーカーを辞め、フリーになってからも時折、里穂さんを思い出していた。里穂さんを撮影してから6年の月日が経ったころ、メーカーから「里穂さんの温泉企画の続編を撮りたいから男優兼監督をして欲しい」とオファーがあった。もちろん快諾し、里穂さんと再会した。まるでペニスと女性器も再会を喜んでいるような心地いいSEXだった。

AV業界を長く続けていると、こういった再会がたまに訪れる。出会いと別れ、そして再会があるから私は業界に居続けるのかもしれない。

CHECK WORDS 【カメラの停止】Stop of a Camera

◎停止ボタンを押せば、恋人同士のような時間も終わるということ。カメラが止まっていてもイチャイチャしてくれると、男優も本気に。勃ち待ちのときもイチャイチャして男優を本気にさせるのが一流女優だ。

AV現場のラッキースケベは、小説以上に魅力的！

まさかのおねだりオーダー ナマ姦させてくれた人妻女優

「ゴムを外して……ナマでシテ」

お相手
加藤明美
（仮名）
38歳

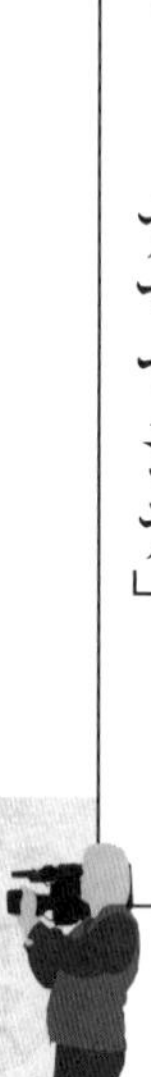

値段の割に広く、そして撮影が可能なラブホテルといえば、男優業界では、池袋の○○ホテルが有名だ。だからこそ、集合場所が○○ホテルだと連絡が来たとき、私の気持ちは晴れなかった。なぜなら、このホテルを指定してきたということは、今回相手する女優が、ＡＶ〝女優〟とは名ばかりの素人女優に違いないからだ。プロ意識の低い素人女優は、性病などのプロではありえないリスクが付きまとう。これからＳＥＸできるというのに、集合場所までの足取りは非常に重たかった。

素人女優になった理由はSEXがしたいから

「私、SEXがしたくて今回の撮影に応募しました。もう昨日からエッチできるのがうれしくて」

ホテルに入るなり加藤明美さんは、メイクを直しながらこう語った。金をかける必要のない素人女優との撮影にヘアメイクを呼ぶことはほぼない。それがわからない女優気取りが過ぎる素人の場合、ここで機嫌を損ねることもあるが、その心配はなさそうだ。「夫とのSEXレスが1年近くなって……」という明美さんの話に相槌を打ちながら、メイクが終わるのを待つ。30分後、メイクが終わった明美さんは、これから、SEXできるからだろうか、すでに雌の匂いを発していた。

撮影がはじまるや否や、彼女は私に抱き付き濃厚に舌を絡め

撮影可能ラブホテル

ラブホテルとはいえ、勝手に撮影するのは、当然NGだが、都内には宣伝のためにAV撮影OKのラブホテルがある。ただ、撮影OKのラブホテルはわりと多いが、業界内でその部屋の取り合いになることも。

てきた。「プライベートでは夫以外としたことがない」というそのキスは、まさに恋人や夫婦にするような濃密で情熱的なキスであり、プロ女優のキスになれてしまった私の理性を溶かすには十分だった。

プロ意識の低さからナマSEXに突入！

唇を重ねながら服を脱がせ、全裸にしたあと、明美さんのからだにキスの雨を降らせる。まだ、秘肉には触ってもいないのに、アソコは濡れまくっていた。もはや、前戯の必要はないとも思ったが、じっくりとマ○コをほぐす。明美さんも私もすでに臨戦態勢。そしてハメる直前、彼女は私の首に腕を絡めながら、耳元でこうささやいた。

「ゴムを外して……ナマでシテほしい」

その後の撮影は、本能でしかなかった。素人女優の場合、カメラへの体位の見せ方などを、男優がリードしなければいけないのだが、もはや、そんな思考はすっかりなくなり、思うがままに彼女と交わり、情熱的なキスをして、そして、彼女の中にありったけの雄汁を放出した。

たとえ素人だったとしても、AV業界は契約社会だ。勝手にナマ姦して、さらに中出しまでしてしまったことに監督は怒っていたが、私は余韻に浸りすぎてよく覚えていない。

このナマハメは、素人女優だったからこそのハプニングだ。しかし、このラッキーを経験して以降、私は素人女優とのカラミに期待し、集合場所への足取りが軽くなったのはいうまでもない。

CHECK WORDS 【契約社会】Contract Society

◎AV業界は普通の会社以上に契約社会だ。1回のSEXでいくらなども、しっかりと契約書に記されている。撮影後に女優と意気投合、そしてSEXしたらその分のSEX代も請求されたという話もある。

まさに男の夢！ これがしたくてＡＶ業界に入る人があとを絶たない!?

女優をハメ撮りし放題!? ＡＶメーカー在籍の男優

「自らハメるためにキャスティング」

「ハメ撮りし放題」なんて大々的に謳っておきながら、こんなことを言うのもなんだが……根っこから勘違いされるとまずいので、はじめに断っておく。ＡＶメーカーに入社して男優業を行ない、そのうちに権限を持つ地位に昇りつめたとしても、ヤリたい女優といつでもＳＥＸできるわけではない。なぜなら、予算というものがあるからだ。たとえば、自分があるＡＶメーカーのプロデューサーで、Ａという女優の大ファンだったとしよう。テイのいい言いわけを並べて、自らがハメ撮りする

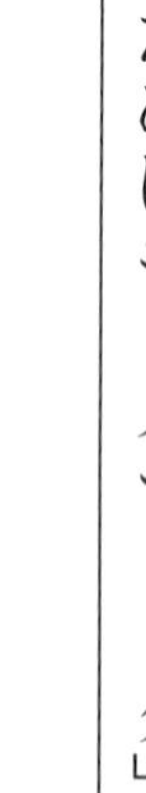

お相手

全ＡＶ女優
（予算内ギャラの）
18歳以上

作品にAをキャスティングしようとする。しかし、売れっコである彼女のギャラは、通常の女優より何倍も高い。そうなると、確保しなければならない売上目標も高くなるわけで、責任者となる自分には、相当のプレッシャーがかかってくる。

もし、大赤字なんて叩き出してしまったら、今後のキャスティング権は剥奪されるかもしれないし、そんなことを繰り返しでもしたら、クビの危機にさえ陥ってしまうのだ。

それでも……やりようによっては願望が叶う!?

だが、それではあまりに夢がない。そこで提唱したいのが、「欲望と現実とのすり合わせ」とも言える方法だ。まずは、AVメーカーの社員になり、現場で男優としての腕を磨く。これはAV制作も立派な職業のひとつである以上、絶対に必須の条件。あ

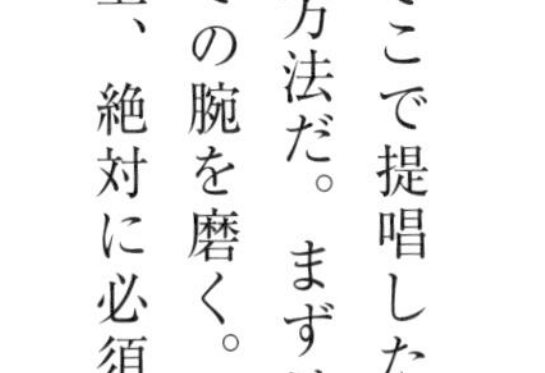
月
可
票
で
らOK
備考　O.スタッフさんとのカラミNGです
面接日　2018年　9月　1日
面接者　木村

好き勝手にはできないです

多くのことが適当そうなＡＶ業界だが、権限のある立場になったとしても、ハーレム状態を実現できるようなことはない。それでも、そんなことを夢見て新しい人材が入って来るのは、いまだ夢のある世界という証拠なのだ！

る程度、場数をこなして、少なくとも女優と相対したときに緊張しないようになったら、次は監督かプロデューサーという、いわゆる作品に対して、キャスティングする権限のある地位を目指そう。これは意外と簡単かもしれない。なぜなら、現在のAV業界は常に人材不足。頭をひねって面白い企画の1つや2つ提案することができれば、わりと「実力がある」と思われて、信用を得られやすいのだ。

さまざまな手立てを講じてハメ撮りに辿り着く!!

この段階にまで上り詰めたら、次はいよいよ最後の関門と相対する。前述の「予算について」である。

本当に好きな女優のギャラが高すぎれば、プロダクションに予算を打ち明けて交渉する（作品の内容を軽いものにする）、スタッフを呼ばないなど、かかる経費を削減する、さらには（ちょっとひどい考え方だが）ギャラが安くて、見た目が似ている女優を探す方法を思案しよう。

ただし、それらの条件をすべてクリアにして、会社から制作のゴーサインをもらっても、1番大事なのは、「女優の気持ち」であることを忘れてはならない。もし、彼女たちが撮影中に機嫌を悪くしたり、下心がバレて拒否でもされたら、大きな問題になってしまう。できるなら、撮影前に、「僕がハメ撮りしたいからキャスティングしたんです！」と正直に伝えておくべきだ。そのような苦労を乗り越えて、楽しいAVライフを送っている人たちは大勢いる。

AV業界に夢見るそこのアナタも、ぜひ一念発起して、レッツトライ！

CHECK WORDS【予算】 The Budget

◎AV制作にももちろん、作品やメーカーによって決まった予算がある。常日ごろから制作責任者たちは、撮りたい内容と予算のジレンマに悩まされながら、よりよい作品を世に出そうと、必死に考えている。

男優と女優も男と女！ 本気で好きになってしまうことも

美女とのプライベートSEX そしてセフレとして交際

「夫はもう、ただの家族だから……」

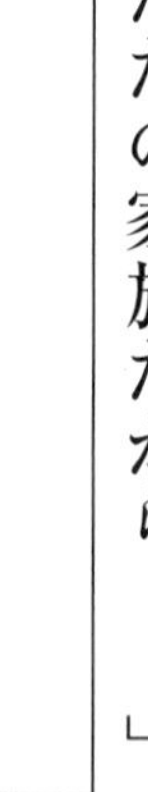

お相手
大野良子
（仮名）
32歳

女優と連絡先を交換してプライベートで会い、プロダクションに呼び出されたり、そのウワサが回って業界からいなくなった男優や監督はたまに聞く。業界では、女優とのプライベート交際はご法度なのだ。私も女優を本気で好きになってしまうことはあるが、ご法度を破らないように気をつけている。だが、プロダクションに所属していないフリー女優の場合は……？

熟女メーカーを辞め、フリーになってから、男優兼ADで行った現場で出会ったのが、元単体のフリー女優・大野良子さんだった。年齢は重ねたものの、さすがは元単体だけあって美貌とエロさを兼ね備えていた。「僕が監督する現場も来てください」と、そのときは純粋に営業のつもりで連絡先を交換した。

雑誌でのハメ撮り後に酒を飲み、酔いつぶれて……

後日、エロ雑誌のハメ撮り企画があり、さっそく、良子さんにオファーした。私と良子さんと写真カメラマンの3人だけの小規模な撮影だった。カラミは2人きりだったので、お互いに素に近いプライベート感のある撮影だった。

撮影後に軽く打ち上げでもと酒を飲み交わした。良子さんは結婚しているが、夫とは一切SEXをしないらしい。撮影ではあんなにエロエロなのに、なぜしないのか疑問だった。「夫とはもう家族みたいになっちゃったから……」と、どこか寂しそ

女優とのプライベート交際

プロダクションに所属している女優と連絡先を交換することは業界のご法度。ご法度を破った男優がプロダクションに呼び出された……なんて話はよく聞く。次にまた会えるかわからない一期一会感もＡＶ業界の魅力。

うにしていた。酒が進むと、良子さんは絡み酒になった。居酒屋のほかの客に絡みはじめたので、なんとかなだめて店を出た。気付けば終電はなくなっていた。半分下心もあり、タクシーに乗せ、私の自宅に連れて行った。そのときは、写真カメラマンもいたので（めちゃくちゃ邪魔だったのはいうまでもない）、布団の中でちょっとイチャつく程度で終わった。

朝になり、駅まで送っているときに良子さんは酒癖が悪いことを謝り、「また飲みに誘ってください」と言っていた。これはヤレる！ 期待感を胸に、後日食事に誘った。

プライベートでのSEXは撮影よりエロくて……

良子さんと2人きりの食事。勃ちが悪くなるのを警戒して、ほどほどに酒を飲んだ。良子さんも酒癖が悪くならないように気をつけているようだ。店を出て、話は早い方がいいと、ホテルへ誘うと了承してくれたので、近くのラブホに直行。部屋に入るなり、シャワーも浴びずにディープキス、ベッドになだれ込んだ。

撮影では何度もしているのに、プライベートSEXの達成感で興奮はMAXに!「ピル飲んでるから大丈夫」と、ナマ挿入&中出しさせてくれた。その後、良子さんは結婚しているし、付き合うとかそういう話はお互いせずに、セフレのような関係になった。2年間くらい、たまに会ってはSEXする関係を続けたが、徐々に連絡する機会が減り、今では会っていない。これを書きながら連絡したい衝動に駆られるが、その勇気がないので、いつか撮影で再会したいと願っている。

CHECK WORDS 【フリー女優】Free Lance Actress

◎プロダクションに所属していない女優のこと。撮影のNG事項やギャラ交渉も自分でしなければいけないので苦労も多いが、ギャラはすべて自分で受け取れる。男優は基本的に全員がフリーである。

オナニーの代わりに美人AV女優にぶっかけてご満悦！

美女に射精しまくれる！汁男優の自由な快感ライフ

「ファンだった女優に大量顔射！」

お相手

小林ゆあ

（仮名）

21歳

ほかの章では、「辛い職業」という書き方をしてしまったかもしれないが、汁男優たちはわりと皆、悠々自適で自分の欲望に忠実なAVライフを送っているように思う。

林健司（仮名・27歳）もそんな1人だ。彼は、AVが好きで業界入りをし、上昇思考はなく、「美女が自分の精子で汚れる姿を眺めるのが好き」という思いのみで仕事をしている。

「最高だったのが、ずっとファンだった、小林ゆあというAV女優さんに顔射をキメたとき。いつもそんな光景を妄想してオナニーしていたので……感激もひとしおでした」

無理に欲望を叶えようとせず……快楽を拾い生きる

ほかに職を持っているわけでなく、月に10万円ほどの収入だが、節約をしながら、十分に暮らしていけるという。

「最近は痴女ものなんかで、挿入ありの役割も任されてますよ。キレイな女優にヤラれまくるだけでいいから、ただただ気持ちいい思いができるだけ。最高ですよ〜!」

林は、今日もどこかの現場で、美女のからだに白濁液をぶっかけたり、痴女に組み敷かれて、笑顔を浮かべていることだろう。彼の生きざまは、無理に自分の欲求を叶えようとせず、身の丈にあった生き方を選ぶことが美徳とされつつある、現代的な価値観にぴったりとハマっているように思う。

スローライフの男優

昔から基本的に、からだ1つでのし上がっていくことこそが美徳、という風潮があるＡＶ男優の世界だが、林のように、あくまで、「個人的な楽しみでやっているだけで、お金にはこだわらない」というタイプの人も増えつつある。

ありえないきっかけで……超人気アイドル女優といきなり本番!?

憧れの単体女優とSEX! 友人の父がAV監督で……

「お前、明日空いてるか?」

お相手

緑乃瑠璃

(仮名)

当時22歳

今から約10年前。まだAVに出演したことなど、ほんの数回くらしかなかった私が体験したのは、今、思い返すと、「いくらなんでもメチャクチャだろ!」と突っ込みたくなるような驚愕の撮影現場のことである。その監督I氏は、私の同級生の父親で、AV黎明期より活躍を続ける大御所の方だった。学生時代に、その息子に誘われて撮影を手伝ったこともあり、面識はあったので、その日の深夜にかかってきた電話にも、何の気なしに出てしまった。「緑乃瑠璃って女優知ってるか? 明日撮影するんだが、瑠璃とハメちゃうお兄ちゃん役やってくれよ」

予定していた兄役の男優がインフルエンザになったらしく、急遽、代役として私にオファーをしたとのこと。

ほぼ素人時代に、いきなりアイドル女優と……

彼女は当時、人気ナンバーワンといっても過言ではないアイドル女優だった。「ぜひやります!」と2つ返事をし、翌日、仕事を休んで現場に向かった。ナマで見る彼女は、おおげさではなくタレント級の美しさで、近親相姦作品という背徳感もあいまって大興奮。SEXシーンでは舞い上がってしまい、フェラをされただけで暴発射精してしまった。それでもすぐに勃起し、濃厚なカラミを味わい、有頂天になったのはいうまでもない……。一生忘れることはない、夢のような出来事だった。

ガチ素人の男優

最近は見なくなったが、「そこらへんで見つけてきた」的な人を男優や女優として起用することも多々あった。I監督のように、ガチ素人の男優を好む監督も多く、そんな人たちはドッキリ作品やナンパ作品で重宝されていた。

気分はまるで新居に引っ越したカップル!?

潔癖症女優との撮影で……苦労したけど結果オーライ

「布団が汚くてヤダ……」

お相手
佐々木裕子
（仮名）
22歳

ＡＶを撮影する際、事前に面接をして、プロフィール表を作ってもらう。そこには、スリーサイズはもちろんのこと、ＳＥＸフレンドの有無、さらにはやってみたいプレイなどが書かれている。そのなかで特に私が注意して見る部分は、女優からの要望だ。お昼は何が食べたいといった可愛いものから、こんな男優はＮＧといったものまで、今までさまざまな要望を見てきたが、そのとき撮影する女優は、ビッシリと用意してほしいものが書かれていた。

《スリッパ、バスタオル、バスローブ、撮影用衣服、下着、シーツ、ローション、撮影で使う食器類などをすべて新品で用意してください》と。

メイク用品まで……すべて新品に揃えて撮影慣行

そう、彼女は超ド級の潔癖症で、自分が使う小道具はすべて新品でないと汚くて使えないというのだ。彼女のために撮影で必要なものをすべて新品で揃えた。いつも以上に出費はかさんだが、女優の要望は飲み込むしかない。

そうして撮影当日。時間ピッタリに現れた人気女優の佐々木裕子さんは、用意されたものを満足気に確認し、メイクルームへ。メイクさんも新品の櫛を用意するなど気を遣ってくれていて、撮影までは問題なくスムーズに進んだ。だが、カラミのシー

INTERVIEW WITH ACTR

芸名			撮影条件A
		本番	生OK ・ ゴムOK
本名		フェラチオ	生OK ・ ゴムOK
		アナル	生OK ・ ゴムOK
所属事務所		3P	OK ・ NG
連絡先		バイブ	大OK ・ 中OK ・ 小OK ・ ? ・ NG
生年月日	T・S・H 年 月 日	アナルバイブ	大OK ・ 中OK ・ 小OK ・ ? ・ NG
ボディサイズ	身長 cm	レズ	OK ・ NG
	体重 kg	レイプ	OK ・ NG
	バスト cm	演技力	出来る ・ ? ・ 出来ない
	ブラCUP （ － ）	潮吹き	する ・ ときどき ・ しない
	ウエスト cm	キス	OK(上手・下手 ）・ ? ・ NG
	ヒップ cm	放尿	OK ・ NG
	靴のサイズ cm	顔面発射	OK ・ NG
	服のサイズ 号	口内発射	OK(飲める・飲めない ）・ ? ・ NG
血液型	A ・ B ・ AB ・ O		撮影条件B

プロフィール表

AV女優が手書きで書いたプロフィール表は、業界人しか見ることができないレアなもの。可愛い字だったり、キレイな字を見ると、撮影前から気分と性欲がドンドン上昇していくことはいうまでもない。

ンになると、彼女の表情が曇ってしまう。
「布団が汚くてヤダ……」

問題発生！ 布団が汚くて撮影ストップ!?

シーツは新しいものを用意したのだが、それだけではダメだった。スタジオのそばにあるデパートに駆け込む。そこで1万円の布団を買ってきて撮影を再開。経費はかさむばかりだったが、彼女とSEXしているときに、「全部新しいものを使うと、なんだか新居に引っ越したカップルみたいだな」とふと思い、気分が高まったのを覚えている。

しっかりと潮まで噴かせ、撮影は終了。周りのすべてが清潔な環境で、自分を解放した彼女は、実にスケベで、なんだかんだ気持ちのいいSEXを撮り終えることができたのだった。

CHECK WORDS【経費】The Expenses

◎現場では、いろんな消耗品にお金がかかる。ティッシュ、ローション、コンドームなどなど。女優が生理の場合、化粧用品の海綿を膣に入れて血を吸わせ、出血を抑える。この海綿は、ひとつまみ400円くらいと高価。

第2発目

ヤルなら知っておくべき！

AV男優たちの“お金の話”

＼意外と稼げたりもします。／

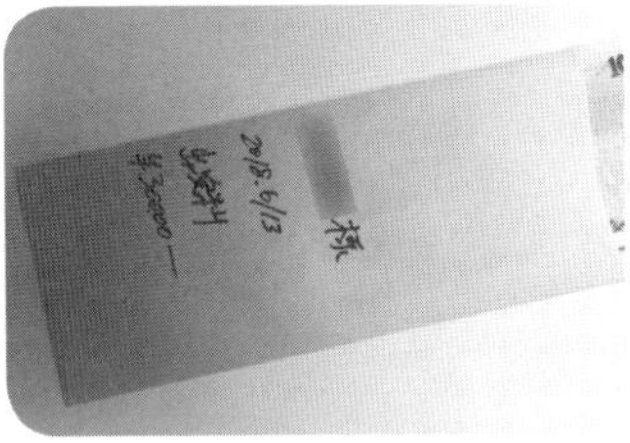

ＡＶ男優になれたとしても、それだけで、飯が食べていけるのか？
そのあたりも、男優を目指す人たちにとっては気になるところ。
副職くらいならばどの程度かせげるのか？
むしろ、本業として生活するにはどうすればいいか？
さまざまな男優たちのエピソードを紹介しながら、
彼らのギャランティーの秘密を暴露します！

現在、もっとも稼げるといわれるのは、アクのない色白の優男系!?

2～3件のハシゴで大儲け 色白肌のさわやか男優

「毎日何人もの女優とＳＥＸしてます」

話してくれた人

ラバカ佐藤

（仮名）

27歳

「キャバクラなんかで、〝職業はＡＶ男優です〟と言っても信じてもらえないですね」

耳をすまさないとよく聞こえないほどのか細い声で、ラバカ佐藤はつぶやいた。大学を卒業してフリーターをしていたときに、興味本位からＡＶ男優の道に入った若者で、その見た目はイケメンとまではいわないが、物腰のやわらかさを連想させる、色白の肌がキレイな〝草食系新人サラリーマン〟というところか。そんな彼の職業は確かにＡＶ男優であり、しかも月に

40本ほどの仕事をこなす超売れっ子で、若手の中では5本の指に入ると言っても過言ではないほどの実力者なのである。

中年が制服を着ちゃダメ！ リアルさが重要視され

AV男優のイメージといえば、かつて名を馳せたチョコボール向井氏や加藤鷹氏のような色黒マッチョ系を思い浮かべる人も多いだろう。確かに、そういったタイプの男優もいまだ多く存在し、豪快なカラミで人気を博しているが、現在、主流となりつつあるのが佐藤のようなアクのない〝さわやか系男優〟であり、特に彼らが重宝されるのがドラマ系作品においてである。AVは女優の性行為を見せることが何よりも重要という特性上、これまでは女教師と蜜月を交わす生徒のような役であっても、中年の男優に制服さえ着せちまえば構わないなどという

リアリティが重要

最近のAVでは、女優も男優も設定に合ったルックスが重要視される。女優の役柄が「家出学生」などの場合、小道具や衣装のイメージも幼げで、いかにも……といったものが用意されるのである。細かいディティールには予算も惜しまれない。

適当さが横行する風潮があった。だが、企画内容が多様化し、世に出回る本数も増えると（今では月に数千本以上のタイトルがリリースされているといわれる）、ファンの目も肥えていき、リアリティのない作品にはクレームが続出。やがて、制作者は役柄に合ったルックス・年齢の男優を的確にキャスティングするようになっていったのだ。

普通っぽい方が安心できると女優たちからも好評価

はじめのうちは、女優の年齢が30代以上の〝熟女系〟作品にのみ出演することが多かった若い優男系男優たちも、その威圧感を感じさせず、親近感のあるルックスから、「怖さがなくて安心できる」「彼氏とSEXをしている気分になれる」などといった理由で女優たちからも好評となり、今では、ドラマ作品以外にも活躍のすそ野を広げる者もいる。彼らの中からは、見た目はおとなしめなのにSEXになると巧みなテクニックを見せる傑物も現れ、従来の色黒マッチョ系を押しのけるように、あっという間に人気男優ジャンルとして認知されていった。

佐藤も、自己主張のできない童貞役や憧れのアイドルとのSEXを叶えるオタク役などで大活躍。ひと現場2〜3万円のギャラで仕事を受けまくり、休みの日はほとんどないという。

「日に3つの現場を回ることもあって、毎日1〜3人の女性さんとSEXしてます(笑)。これだけ聞くと最低なヤリチン男ですよね」

彼のような、元は普通の男でも荒稼ぎできるのが現在のAV業界だ。「男優らしくない、自分には向いてない」とあきらめる前に、興味がある方はぜひ挑戦してみてはいかがだろうか。

CHECK WORDS 【優男系男優】Slender Man

◎近年のAV男優は、本当にセックスワーカーには見えない人が多い。ごく一般の人と似たような服を着て、似たような表情をしているのである。これはAV業界がオープンになったことと無関係ではないだろう。

一時期メディアを席巻したとまで言われるイケメンたちとは？

1回の撮影で200万⁉ アイドル的存在の男優たち

「正直、個人的にうらやましすぎる」

話してくれた人

香川慎太郎

（仮名）

30歳

まず、最初に、ここで紹介するギャラにまつわる話は、あくまで私が、知り合いの男優である香川氏に聞いた「ウワサ」である、とお断りさせていただきたい（それでも辻褄は合っていることなので真実味はかなりあるといえるのだが）。今から数年前、お昼のワイドショーなどでも取り上げられるほど、一大ブームとなったジャンルのＡＶがあった。それは、「女性向けＡＶ」と呼ばれるドラマ仕立ての作品群で、某一流メーカーの女性プロデューサーの企画により制作がスタート、起用される男優たちは非常に整ったルックスを誇り、まるで、人気ホストかアイドルグループのメンバーようなイメージで各メディアに紹介されていた。イケメンと評判の男優たちを業界内から選抜し、専属男優として契約。彼らのきらびやかな写真が並ぶホームページは、AVメーカーとはとても思えぬスタイリッシュなものであった。

女優よりも超高待遇でウハウハ状態!

リリースされる作品は、女性を中心に大ヒットを連発した。業界中は騒然となり、ほかのメーカーも同趣旨の作品を世に送り出すという現象を引き起こした。そんななか、驚くべきは専属となった男優たちのギャラである。女性ファンからの支持をもっとも得たある男優は、撮影は月1だけにもかかわら

スタイリッシュなHP

イケメン男優たちが所属する女性向けAVメーカーのホームページは、とてもエッチな商品を紹介するサイトとは思えない。新たなAVのイメージを作りあげた功績は、業界の発展においても非常に大きいといえる。

ず、200万円を支払われていたという。彼はもともと人気の男優で、1本5万円のギャラで月に40本ほどの現場をこなしていた。それを1メーカーに専念させるための補償として、それだけの給与が用意されたとのことだった。とはいえ、月1の撮影だけではなく、さまざまなイベントや販売店に並べるポップ用のスチール撮影、各メディアの取材やテレビ出演などの仕事も含まれていたらしいが、はじめてそのウワサを耳にしたときは、同じ業界人として、かつてないほどに驚愕したものである。

男優は楽すぎる？ 女性の理想を追求した作品内容

女性向けAVは、徹底的に女性の理想を追求した内容になっていて、イケメンが優しい愛撫とささやきで、傷心の女性を慰めながらSEXするというものがほとんど。通常のAVのように、体力を必要とする激しいプレイは一切ないため、男優側からすると非常に楽な撮影であることは容易に想像できる。

AV男優たちは経歴が長くなるとキャラクターが固まっていき、自分に合った作品に多く出演するようになる。だから、イケメンであることを売りにする男優も、もちろん重宝されるべきだ。しかし、女性向けAVが発足したころには、「こんなヌルい作品を月に1本撮影するだけで200万ももらえるなんてうらやましすぎる!」と嫉妬する男優たちもいた。

そんなブームも2年ほどで過ぎ去り、売り上げは落ち着いてしまったらしいが、いまだイチジャンルとして確固たる地位を築いている女性向けAV。現在は、AV業界に経歴のない男性でもイケメンであればいいと、ホームページで募集をかけて新人を集めているという。見た目に自信があって興味がある方は、ぜひ応募してみてはいかがだろうか。

CHECK WORDS 【イケメン男優】Handsome Actor

◎男優のルックスに関してうるさいのは、実は相手をする女優よりもユーザーのほうである。「イケメン男優のほうが、女優が喜んでSEXしている気がする」という理由のため、そのほうが安心して自慰ができるそうだ。

小柄で童顔で巨根……〝息子男優〟に最適！ 美熟女とヤリまくり稼ぐ幸福人生

生活保護受給者が年収800万円以上に!?

「オナニーだけの毎日が……」

「本当に最低の毎日。それが1本のメールで一転しました」

垂れ目の幼い顔つきは、いかにも草食系といった風貌で、職業はAV男優といわれてもほとんどの人は信じないだろう。そんな彼、長野ミキタカは、〝息子役〟として人気の男優だ。人と話すことが苦手で、職を転々とし、気が付くと生活保護受給者に……。友人も恋人もいない生活は味気ないものだったらしく、することといえばオナニーばかり。そんなある日、オナネタとしてお気に入りだったAV女優の情報を追っている

話してくれた人

長野ミキタカ

（仮名）

28歳

と、あるメーカーのサイトで「ＡＶ男優募集」の告知を発見し、すぐさま応募した。勃起力があって、巨根だったことも功を奏し、数回目の撮影にはカラミを任された。

へたくそなSEXが、むしろよいとほめられて……

「決して上手くできたわけではないですが、それが逆にリアリティがあってよいとほめられました。〝母親とＳＥＸしてしまう息子〟ですからね。下手でも雰囲気があるカラミが求められるのが、近親相姦モノの特徴なんですよ」

それ以来、ＡＶ制作者の間で口コミ的にウワサが広がり、今では1本2～3万円で月に20本以上の仕事があるらしい。一般社会では日の目を見ることがなかった彼も、ＡＶ業界ではスターに……！　なんとも夢のある話ではないだろうか。

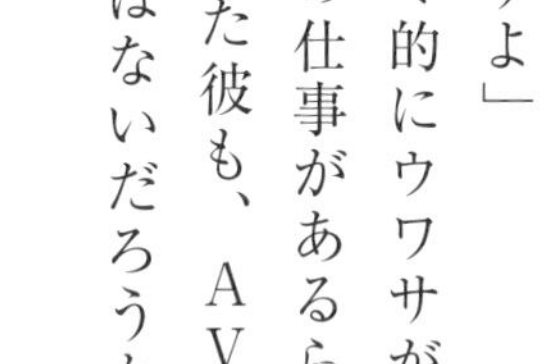

人材不足の〝息子役男優〟

さまざまなAV作品の中でも人気ジャンルのひとつであるのが、母子近親相姦モノ。息子役として重宝されるのは、「存在感のないおとなしい」男優であり、そういった人材は意外に少なく重宝され、あっという間に人気男優となる。

衣食住完備！　男優歴25年の大御所は何から何まで庇護される!?

手厚い保護で生活費タダ！幸せ暮らしを送る老年男優

「生活費は、タダなんだよね♪」

話してくれた人
山海はじめ
（仮名）
67歳

助けた亀に連れられて、大層なご奉仕を受けた浦島太郎……

日本一有名なこのおとぎ話を地で行くＡＶ男優がいる。

ＡＶメーカーＲが購入した、豪邸ともいえるハウススタジオに住み込んでいるのが山海はじめだ。ＡＶがＶＨＳテープで１本１万６０００円ほどで売られていた90年代、のちにＲの社長となる人物が制作する作品に出演し続け、巧みな話術を武器にＡＶファンへ強烈な印象を与えた伝説的人物である。

そんな彼もＡＶバブルがはじけた２０００年代、男優業もほぼ引退状態に追い込まれた。それなのに、たまに会うと肌艶もよく、生活に困った様子はない。事情を聞くと、彼はこう言い放った。

「5年くらい前から生活費タダで生きてるんだよね」

好待遇のスタジオにてうらやましき隠居の日々

そのワケはというと、今や人気老舗AVメーカーへと成長を遂げたRが山海を保護、スタジオに住まわせ、食事は毎日3食、携帯電話も渡し、家賃も光熱費もなし、という好待遇を与えていたのだ。R社長によると、「かつて世話になったから」とのことであるが、不況と経済格差が広がり、日々の食事にも困窮する人も多い現代……これはAV業界人の懐の深さとユルさが生んだ、うらやましすぎる夢物語といえるかもしれない。

現役引退後の男優たち

30～40年前のAV黎明期当時に20代だったベテラン男優たちも、現在は50～60代。ぼちぼちと引退を視野に入れる人も増えている。監督になったり、制作会社を立ち上げたり、中には知名度を生かし飲食店オーナーとなった人物も。

ナイスミドルAV男優のマルチで巧みな生き方は全熟年男性の憧れ!?

表の顔は企業役員！賢く稼ぐインテリ男優

「AVの仕事は……趣味ですね」

話してくれた人
青塚浩一
（仮名）
57歳

その姿は、いかにも「モテオヤジ」といった清潔感と、渋みを携えたナイスミドルだ。青塚浩一は、AV歴5年の熟年男優。実に聡明そうな出で立ちであり、学歴も職歴もインテリエリートと呼ぶにふさわしく、東京の一流大学を出て一流企業に就職、現在は役員を務めている。そんな彼がAV男優になった動機はズバリ、「趣味」だそうだ。

「息子の嫁を寝取るなどの役をよくやらせてもらいます。キレイな女優さんを相手に、現実にはできないシチュエーションで

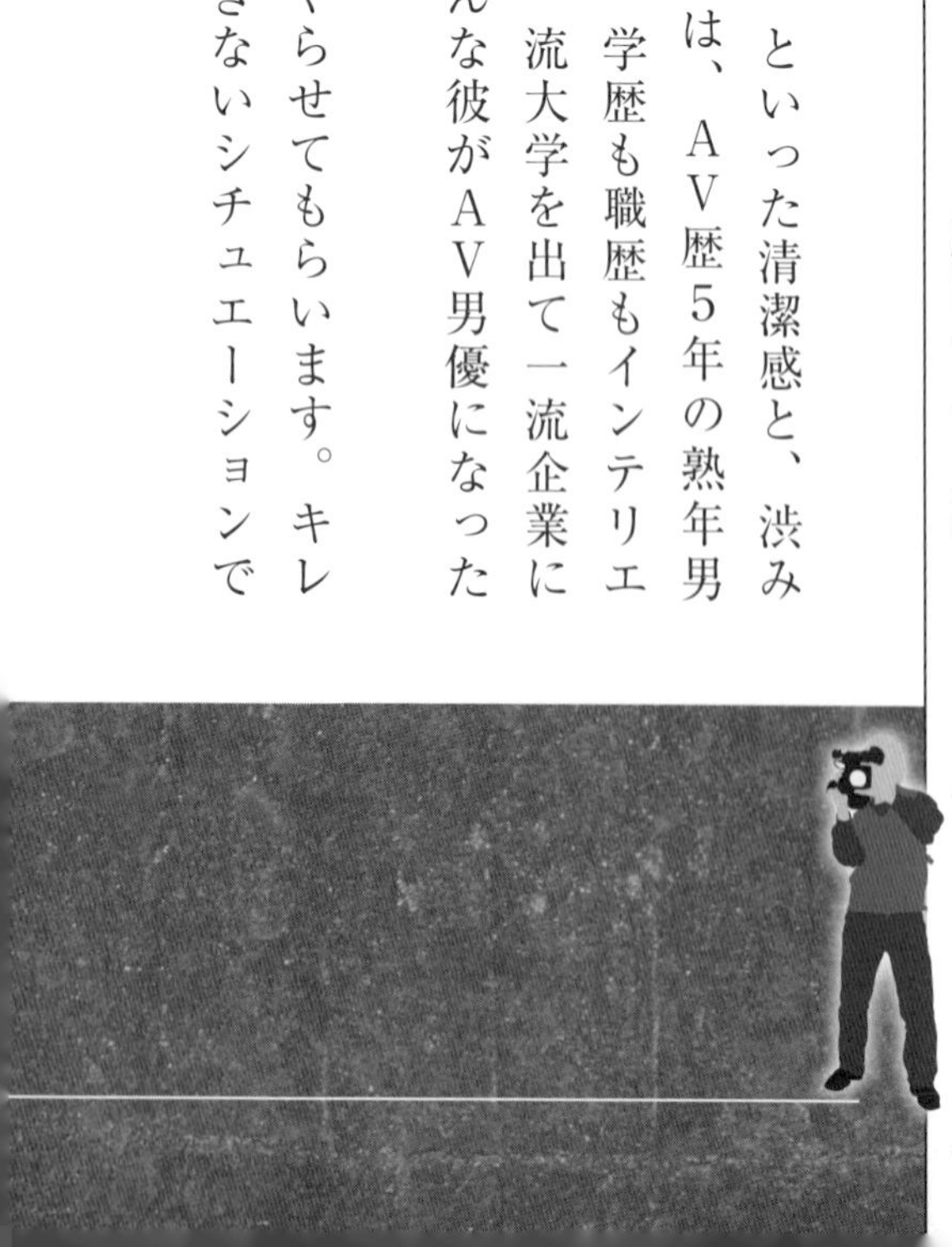

性欲を解消できる、最高ですよ！」

平日は役員をしながら休日は撮影にてハッスル！

静かな笑顔でそう話す姿には、男としての余裕が垣間見え、充実した日々を送れていると豪語する。近年、増えているのが彼のように副業としてＡＶ男優をしている人たちだ。今のＡＶ作品は多様なジャンルがあり、求められる男優にもさまざまなタイプがいる。女優とのカラミをバッチリこなす完全プロの男優以外にも、役割によって需要があり、専業にはならなくともＡＶ男優の道に入ることができるのだ。

生活費は一般職で確保しながら趣味と実益を兼ね、安くはないギャラをもらい、エロ行為を楽しむ……。なんとも賢いＡＶ業界との関わり方といえるのではないだろうか。

〝兼業〟のAV男優たち

バブリーなイメージが強いAV業界であるが、一般世間に倣い、不況の波が押し寄せている。男優たちもAV1本で食べていける人が減り、青塚のように一般職を本業として働く人も、かなり増えているのだ。

ネカフェと友人の家と撮影現場を往来し……フリーダムエブリデイ！

住所不定でも高収入！ストレスなく生きる自由人

「いやぁ……ＡＶ男優、最高ですよ」

話してくれた人

沼田大介

（仮名）

29歳

「ある日、帰ったら電気水道ガス全部止まってて……住まいを持つ気がなくなったんですよ」

そうあっけらかんとした態度で話すのは、ＡＶ男優歴８年の沼田大介だ。彼は高校を卒業後、ＡＶメーカーに入社。スタッフとして働き始めてすぐにハメ撮りを志願し、撮影の〝いろは〟を覚えると、フリーランスのＡＶ男優に転向した。

とにかく己の欲望に忠実で、監督の指示も無視してヤリたいようにハメ続け、射精を終えるとギャラを受け取り、そそくさとスタジオを去る。その場の勢いですべてを決める性格は、プライベートでも顕著に現れ、「光熱費を払うのがメンドクサイ」という理由だけで、住所を持たない生活を始めてしまった。

AV業界は取っ払い! その姿は現代の寅さん!?

「住民票は実家に移しましたけど、今はネカフェとか男優仲間の家を渡り歩いてますね。不自由はないですよ、毎日キレイな女性とSEXをして、高額なギャラをその場でもらえるんだから。いやぁ……AV男優、最高ですよ!」

誤解のないように話すが、女性を扱うという職種上、男優は真面目で礼儀正しい人がほとんどだ。それでも彼のように、破天荒な生き方が許されるあたりも、AV業界の懐の深いところといえるのかもしれない。

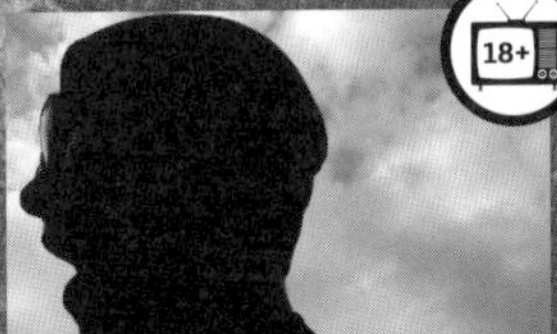

フウテンな生き方にぴったり

AV業界は、撮影が終わった際に、その場でギャラをもらえるのが通例。そのため、沼田のように銀行口座を持たず、たとえ住所不定でも経済活動に支障はなく、まさに、フウテンな生き方をするにはもってこいの職業といえる……のか?

2万円からの検査代が……AV業界人は、おどろきの激安価格に

AV男優は性病検査代が半額も割り引かれる！

「私も月に2回は必ず行ってます」

話してくれた人
木村ひろゆき
（著者）
35歳

近年、AV業界ではすべての撮影現場において、性病に罹患していないことを証明する診断書の提示が義務付けられており、淋病やクラミジアなどの比較的症状の軽い病気であっても、陽性診断が下れば撮影に行くことはできない。よって、AV男優たちは皆、月1以上の検査を必ず実施している。

だが、その検査代は基本的に自腹。料金は決して安くはなく、8項目ほどの検査をして2～5万円ほど。AVメーカーによって検査を受けた日の基準も違い、撮影日の数日以前内と定めて

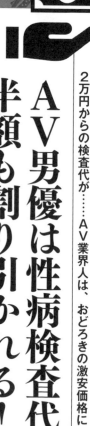

いるところもある。そういったメーカーの撮影が多くなると、その度に検査を受けなければならないが、ギャラの安い新人男優などには手痛い出費になるなのはいうまでもない。

健全な性生活を送るために、医療界もサポート!?

そんな中、「AV業界人割引」なる制度を設けているクリニックが都内にある。そこでは身分証の提示と、どのAVメーカーからの推薦であるのかを伝えるだけで、2万円の検査代が、なんと半額の1万円に割り引かれるのだ！

人前でSEXするという特性上、AV男優は性に乱れたイメージがあるかもしれないが、性的衛生上は一般人男性よりもよっぽど潔癖であり、それを保つための金銭サポート制度があるのだから実に素晴らしい職業といえるのだ！

性病検査クリニック

そこには毎日のようにAV業界人が訪れる。私が訪れた際には、テレビにも出演歴のある人気AV女優Y・Aやカリスマ男優Kなど、AVファンならずとも〝知っている〟顔に出会えることも多々あるのが性病検査クリニックだ。

メーカーから取り寄せたDVDを渡して友好な関係を構築！

DVD差し入れで月謝半額ジムで特待されるAV男優

『会えてうれしい！』と言われて

話してくれた人
永井健太
（仮名）
27歳

AV男優は鍛えるためにジム通いをしている人も多い。永井健太も、自宅に近いスポーツジムを利用しているが、AV男優をやっていたおかげで、うれしい思いをしているという。

「トレーナーから、『AV男優の方ですよね？』と話かけられて。ウソのような話だけど、僕のファンだって言うんですよ」

そのトレーナーは妻子持ちの45歳。趣味といえば、もっぱら休日のビデオボックス巡りだという。めぼしい男優の情報は、ペニスの大きさから得意技など、すべて頭にインプットしている生粋のAVファンだったのだ。

「笑顔で『会えてうれしいです!』なんて言われて。親にも内緒にしているのに、そんなこと言われるとは驚きましたよ」

AVファンに出演作を差し入れ! 親友の仲に!!

トレーナーは、どこの筋肉を鍛えればいいカラミができるなどと、永井専用の特別メニューまで作成してくれた。その上、出演作をメーカーから取り寄せて渡すと喜ばれ、月謝を半額に……! 以来、親友のような間柄になったという。永井のほかにも、ある男優は行きつけの定食屋でサインをねだられて、代金をタダにしてもらったこともあるという。さすがはAV大国日本……実は男優たちに憧れるがゆえに、「ご奉仕したい」と思うファンたちが、そこら中にいるのかもしれない。

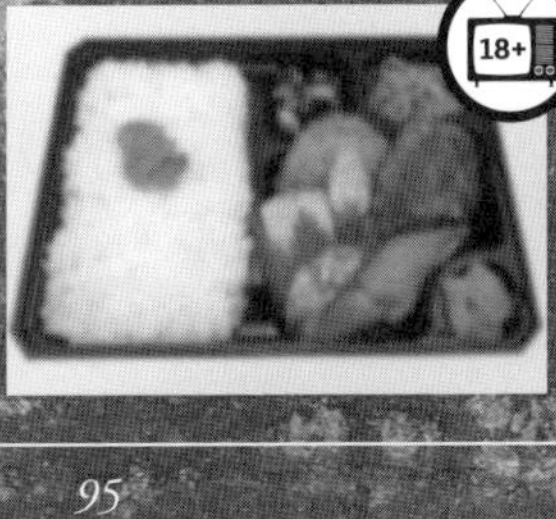

AV男優はお金がかからない?

食費は撮影時に出る弁当でまかなえるし、シャワーも浴びさせてもらえる。携帯電話の充電なんかもスタジオでできるため、忙しいAV男優ほど、衣食住にかかるお金が少なく、意外と節約できるものなのだ。

裸の仕事であるAV男優といえども、服装はとっても大事！

若手人気男優がススメる〝お手軽〟ファッション術

「重要なのは〝清潔感〟です」

170センチに満たない小柄な体格で、イケメンではないながら、さわやかな笑顔が魅力的な勾玉宏。AV男優として年収は700万円弱。自身の仕事に理解のある一般女性とも交際していて、結婚も考えているという。そんな順風満帆に見える彼にも、苦難の時代はあった。大学を中退し、AVの世界に入るが、はじめのうちは仕事がなく、日々の食費にも困るほど。ある監督に売れない理由を、「不潔そうだから」とズバリ言われた。だいぶ落ち込んだが、そんなときに「服装を変えろ」とア

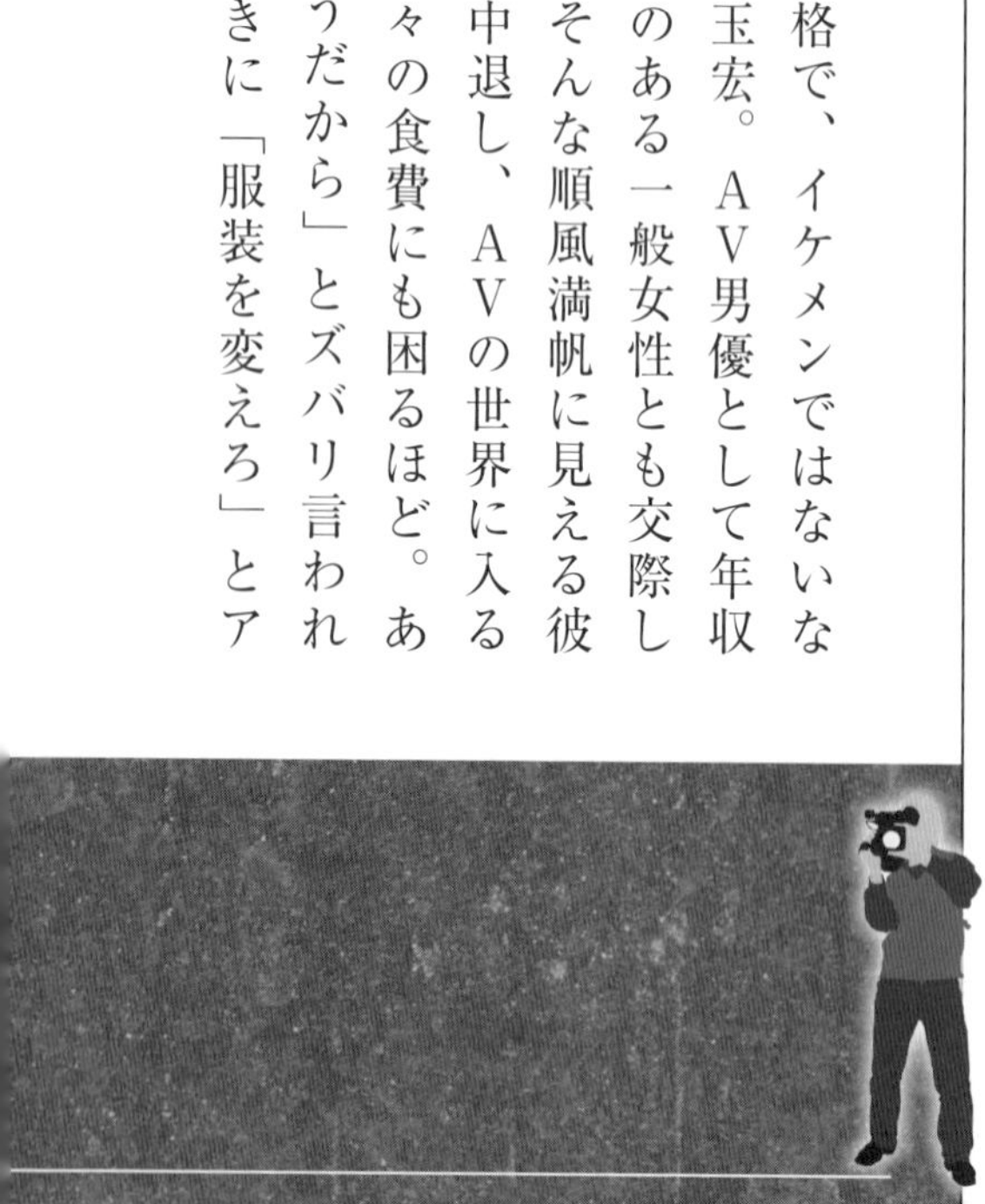

話してくれた人
勾玉宏
（仮名）
29歳

ドバイスをくれたのが、元敏腕営業マンの先輩男優だった。

全身ユ○クロでも女子に好印象で超モテる！

「ファッションを研究していくうちに、重要なのは〝清潔感〟だとわかって。1、必ず試着してジャストサイズを選ぶ 2、色の合計は3色まで 3、季節感を間違えない 4、寒色系の襟つきを着る。その4点を押さえるだけで、清潔に見えます。ユ○クロでも古着でも構いません。事実、それで周りの見る目が変わり、仕事も増えて、気持ちまで明るくなりました」

男性の見た目に関する感覚は、AV女優だって一般女性と差異はない。常日ごろから女性の心も体も扱う彼らのコーデ術は、どんな男性たちにとっても、非常に参考になるところだ。

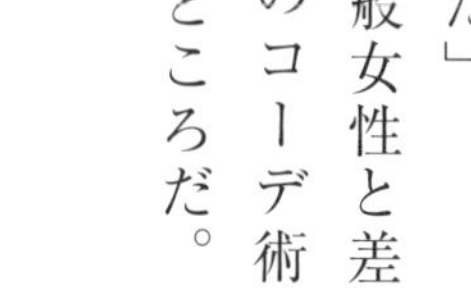

不潔感は絶対にNG！

AV男優に限っての話ではないが、服装で印象は相当に変わるもの。勾玉が提唱する4ポイントを外すと、高級な服であっても不潔に見えたり下品に見えてしまうらしい。モテない男子でも簡単に変われる可能性アリだ！

食費はほとんどタダ……AV男優の食生活はアスリート以上にストイック!?

熟年男優が教える！昆虫食での激安健康生活

「悲鳴を上げられましたけどね（笑）」

話してくれた人

皆川六郎

（仮名）

48歳

熟年男優・皆川六郎。さわやかながら味のあるルックスは、今、流行りの「モテおじさん」といったところか。彼は、48歳になる現在まで独身を貫いている。ひたすら好きに生きて、若いころから性欲だけは人1倍強く、会社勤めをしていた20代のころは、生活費のほとんどを風俗で使ってしまっていた。給料日の翌日には無一文。友人にしつこくタカったりしているうちに、相手にされなくなり、仕事も辞めた。やがてホームレス状態になった彼は、ふと、千葉に住んでいた子どものころに、祖

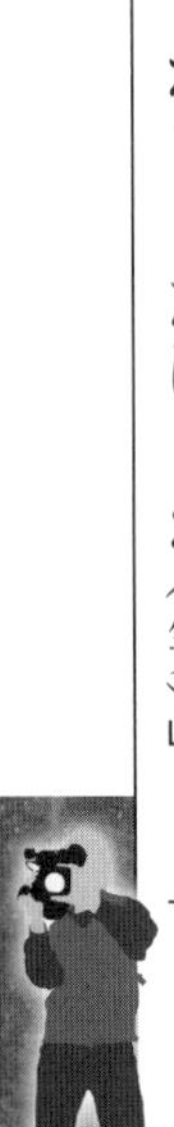

母がイナゴを捕っていたことを思い出す。夏の終わりから秋にかけて、田んぼや原っぱがあればどこにでもいる昆虫だ。

これを食べれば誰でも健康な肉体が手に入る!?

ちょうどそのときは10月の初旬で、彼は1日中イナゴ捕りに没頭した。それさえ食べていれば死ぬことはなかったという。やがて、先にAV男優をしていた友人の紹介で業界に入り、汁男優からベテラン男優の地位にのし上がる。

「女優さんに悲鳴を上げられて以来、撮影現場に持っていくのは止めましたが、今も自宅では毎日食べてます」

同じ量であれば、肉や魚よりたんぱく質もカルシウムも豊富。イナゴは、皆川の健康的で精力満点のからだを支えている、無料で究極の栄養食なのである。

AV男優の食費

男優たちはからだ作りのためにストイックな生活を送る。鶏のささみや納豆など、食すのは意外に安価ながら、高タンパクなものばかりである。さらに、撮影現場に行けば、基本的に食事を支給されるので食費はあまりかからない。

12

ギャラはこうやって上がっていく……汁男優からカラミ男優まで

給与は意外にも薄給で……AV男優のギャラ事情

「人前でSEXする職業なのに⁉」

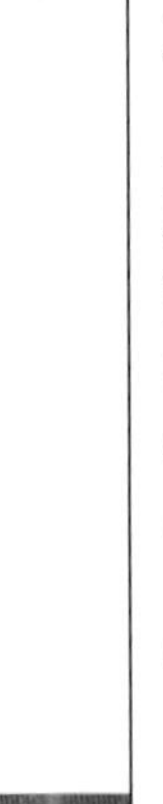

話してくれた人

木村ひろゆき

（著者）

35歳

ひとえに、ＡＶ男優といってもその役割はまちまち。近年のＡＶ作品は、単純に女優とカラミをするだけの男優以外にも、カフェで座っているだけのエキストラから、汚物をかけられながら射精する男優まで、千差万別のタイプが存在する。各人のギャランティは、交通費や食事代のみの場合から、数万円以上に至るまでかなりの幅があるが、ここでは最終的にカラミをバッチリこなせて、月に数十本もの現場に呼ばれる、スター男優を目指した場合に、どうのようにギャラが上がっていくのかを紹介しよう。

はじめのうちは、コンビニバイト以下?

AV業界に男優見習いとして入ると、まず、最初に与えられる役割は、女優に精液をかけまくる〝ぶっかけモノ〟作品にて、自分でペニスをシゴき射精するというものだ。彼らは「汁男優」と呼ばれ、拘束時間にもよるが、1発の射精で5~8000円の出演料を与えられる。汁男優時代に、監督の指示通りのタイミングで射精ができるなどの素質を見出されると、次は、主にフェラチオシーンなどで起用されるようになり、ギャラは1万円ほどに昇格する。この階級に多いのが、〝兼業〟している人たちだ。彼らはAVを仕事として捉えておらず、あくまでファンであり、フリーターや会社員をしながら趣味として男優と

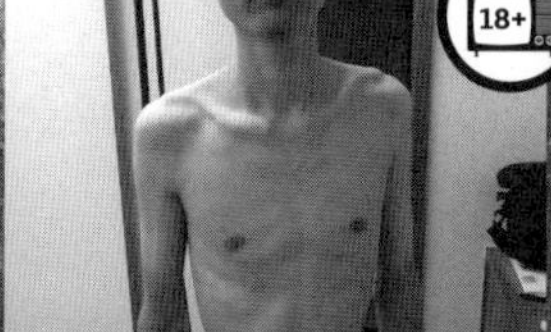

AV男優の修行期間

汁男優や見習い男優の期間中、師匠的存在の先輩男優に弟子入りして勉強する人も多い。カラミ男優へ成り上がるまでの時間は才能や資質によって変わるが、人付き合いも非常に大事な要素であり、そのあたりは一般社会と変わらない。

なったので、ギャランティに関しては無頓着だったりする。

努力を続け……やがて月給100万以上に！

次の段階で、ついにカラミ男優となるわけだが、作品の肝となる挿入シーンを任される以上、スタッフや女優からかなりの信頼を得なければならない。AV撮影現場における信頼とは、愛撫の技量、射精コントロール術、体力、さらには人格までもかかわってくるセンシティブなものなのである。それらをクリアすればカラミを任され、最低でも2万円が与えられるようになる。技量や人気によりギャランティの上限はなく、現在、トップと呼ばれるカラミ男優たちの中には1本5～7万円の高給を受け取っている人も。このクラスになると、現場をかけもちし、1日に十数万円を稼ぎ出すのも可能になるのだ！

CHECK WORDS 【カラミ男優】Sex Actor

◎男優ヒエラルキーのトップ。1本のギャランティ3万円というのが信頼ある男優の基準といわれる。このクラスになれば、1日に2現場をハシゴすると日給6万円、月に20本あれば120万円と、かなりの高所得者に。

第3発目

オモシロ人間の巣窟か！

〝特異な経歴〟を持つAV男優たち

変なヤツらが多いんです。

大前提としてAV男優は、裸を見せる職業です。
しかも、セックスまで公開するのですから、
それだけ、精神的にも肉体的にも強くなければならない。
つまり、必然的に、人としてどこか変わった
一面があったり、ものすごい芯を持っていたりするのです。
ここでは、そんな一風変わった男優たちを紹介します！

常時10人の愛人を囲う大工の棟梁！　70代男のセックス術

まさに生涯現役!! 絶倫古希男優の生きざま

「今さらながら、刺激が欲しくてよ」

特異なAV男優1

ジゴロ龍

（仮名）

75歳

受付のおばさんが、部屋の鍵を無言で放り投げてくる池袋のラブホテル。彼とはじめて会ったのは、そんな悲哀に満ち場所だった。熟女ＡＶメーカーに在籍していた20代初頭、まだＡＶ撮影に慣れず、刺激的なことばかりだったころ、上司から「75歳のじいさんが愛人を連れてくるから、カメラ持って行ってこい」と命令され、刺激的どころかパニックに陥ったのを覚えている。

待ち合わせのラブホテルに到着すると、ハットと真紅のシャ

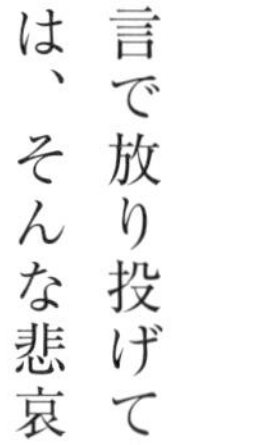

ツを身にまとい、２人のキレイな女性を従えた彼がいた。その男の名は、ジゴロ龍。今や、知る人ぞ知る、伝説的なＡＶ界の絶倫古希男優だ。

２人の人妻を従え、濃厚なカラミを見せつける

「この歳になって、今さら刺激が欲しくなってよ。頭を捻って出した答えが、付き合ってる女とＡＶに出ることだったんだ」

楽しそうに声を弾ませると、薄暗いラブホテルの部屋で、連れてきた女性たちとおっぱじめる。慣れたもので、龍がベッドに寝転がると、２人がシャツとズボンを手際よく脱がせて、たっぷりと奉仕する。彼が責めに回ると、口と手を使い、２人を同時に愛撫していく。その一連の行為は、どんなベテラン男優にも真似ができないような、滑らかさであった。女性たちは、撮

ジゴロ龍

とあるＡＶ熟女ＡＶメーカーに、自ら出演を応募し、愛人までも連れてくるという偉業を成し遂げた伝説の男。70代ながら日々のSEXと、新たな愛人作りを怠らず、生涯現役を謳いヤリ続ける……とにかく性欲が強い傑物である。

影をされていることに恥じらいを見せながら、彼の命令を素直に聞き、カメラにからだを開く。

その女性たちは、龍いわく、本物の人妻とのこと。つまり、そのとき、私の目の前で繰り広げられていたのは、公開不倫セックスであったわけだ。こんなことを平然と行なえる、彼の存在感に圧倒されながら、ただカメラを回すしかなかった。

ジゴロ龍は、神奈川県の某市にて働く、有名な大工の棟梁で、30代のころから愛人を囲うことを生きがいにし、家庭を持ちながらも常に10~15人の女性と関係を築いていたという性豪だった。そんな生活を数十年続けて年齢も70代に差しかかったころ、ふと心に湧いたのが、「AVに出てみたい」という衝動だった。最初に会って以来、彼は月に2~3回のペースで、次々と愛人を連れてきては撮影を慣行した。どうやって女性をひっかけているのかを聞くと、「もっぱら出会い系サイト」だという。

実のところ、性格は非常にまめで、サイトへの課金も惜しまず、とにかく日に20～30人の女性とコンタクト。「10人にひとりでも返事がくりゃ儲けもん」と笑いながら、会っている間も、ずっと携帯を手放さなかった。

やがて彼は伝説的AV男優に成り上がって……

その1年後、私の当時の上司の紹介で、本格的にAV男優の道へ入ることとなる。さすがにプロのAV女優が相手だと作法があるため、好き勝手にカラミをできず、苦労していたようだが、印象的なキャラクターで人気者となり、数十本の作品に参加した。ここ数年はウワサを耳にしなくなったが、この夏、私のLINEの友だちリストに突然現れた。アイコンの笑顔を見る限り、元気にやっているようである。

CHECK WORDS【AV女優の作法】Actress's Manners

◎AV女優は皆、撮影現場への慣れがある程度以上でてくると、「カメラには必ず顔を向ける」「騎乗位のときはのけ反って体を見せる」「イクときはイクと言葉で言う」などの作法を知り、身につけていくものである。

初体験から2週間後には初ハメ撮り……AV界はえぬき男

童貞がハメ撮り師に成長 僕のAV男優サクセス物語

「童貞捨てたら、すぐハメ撮りやれ」

特異なAV男優2

木村ひろゆき

（著者）

35歳

映画監督になることを夢見て上京。まさに夢見る少年だった。幼いころから妄想ばかりに耽る癖があって、当時は夢を叶えたい、という気持ちのほかに、「東京に住んだら芸能人と知り合える」などと本気で思っていたものだ。

それから5年後、私は風俗で童貞を捨てることになるのだが、専門学校に通っていたときには、同級生に恋もした。その彼女には、「童貞とは付き合えない」と突き離されて絶望。やがて、ＳＥＸという行為そのものが都市伝説だと本気で思いは

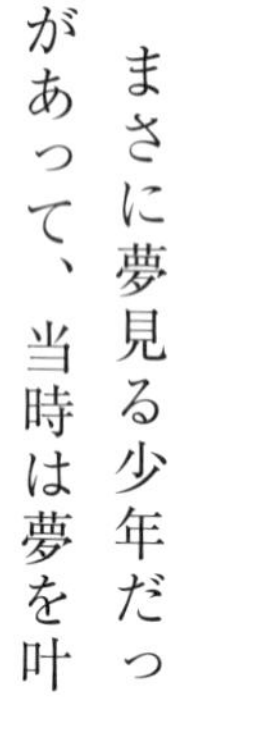

じめた。このころは、ただ卑屈な心を大きくしていっただけの毎日だった。

エロ本の編集者になり、童貞卒業即AVデビュー

学校を卒業し半年間、携帯電話の画面を作る工場のバイトに就き、その後、学校の先輩が経営する編集プロダクションに入社した。そこでは童貞のままエロ本の編集を経験、23歳の誕生日を迎えた日、社長から風俗に連れて行かれ、サクッと童貞を奪われた。そのときすでに、ヌード撮影の現場や、AVの取材を行なっていたため、女体を前にして緊張はせず、「本当にSEXをする」という状況に興奮したのを覚えている。AV男優の真似をして、いろいろな体位をこなし、童貞喪失を終えた。そのわずか2週間後、「童貞を卒業したんだから、ハメ撮りで

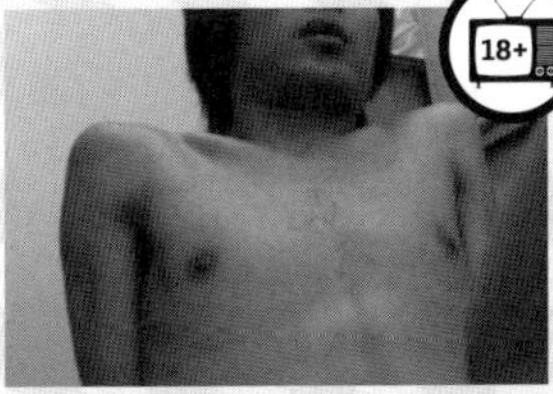

長かった童貞期間

AVがエロの業界だからといって、性経験に早熟な人が向いているわけでは決してない。むしろ、妄想力を鍛える期間が長ければ長いほうがいいとするならば、童貞の方が向いている、といえるのかもしれない。

きるだろ」と、社長からAV撮影現場を紹介され、「男優体験取材」という名目のもと、ハメ撮り男優としてAVデビュー。緊張して勃たないということもなく、欲望のままにハメ撮りを行ない、完遂する。

その後、友人に誘われてAVメーカーに転職。すでに、AV撮影現場を知っていた経験を買われ、転身してすぐにハメ撮り監督としての役割を得る。メーカーの社員が自ら男優と監督をこなせれば、予算が非常に安く済むため、月に4～5本ほどの作品を制作し続ける。童貞を捨てて2～3年の間に、仕事の場でのこととはいえ、どんどん体験人数を増やしていったのだ。

AVメーカーへ再就職、男優兼監督として活躍

厳密にいうと、プライベートでは女性との経験はゼロだった

から、素人童貞のままである（ちなみに、これは今でも変わらない）。だが、このころになると、女性に対するコンプレックスも薄まっていき、自信もついた。たまたまハメ撮りした作品が大ヒットしたりして、監督としても男優としても周囲に認められるようになっていく。

ＡＶメーカーに８年在籍し、30代に入って独立、フリーランスのＡＶ制作人として活動するようになる。これまでに培ったさまざまな技量を武器に、現在は月10本以上の作品を世に送り出す。もちろん、男優としての仕事も……。

ふと、童貞だったころの自分を振り返ると、10年後、今のような地位に辿り着くなど想像もしていなかったように思う。数えているわけではないが、これまでにハメたＡＶ女優は３００人以上にのぼるだろう。これからも、ヤリたい気持ちを大切に、よりよいＡＶ制作を続けていきたいものである。

CHECK WORDS【予算を安く】Low Budget

◎単純な話であるが、監督が男優もこなすハメ撮りであれば、男優代がかからず、予算が安くなる。不況の現代だけに、ADを呼ばなかったり、大変だけど監督が何役もすることが多い。

テレビマンだった伝説の男がＡＶ男優に!?

あの有名ドラマを制作！元名プロデューサー男優

「映像の仕事は、下の人間が辛いもの」

特異なＡＶ男優３

ゲッター西村

（仮名）

60歳

還暦となった今でも、短く刈り上げた黒々しい頭髪と、活発な笑い声が若々しい熟年ＡＶ男優のゲッター西村。彼は、なにを隠そう、元キーテレビ局のプロデューサーで、誰もが知っているような、超有名トレンディードラマの制作にも関わっていた人だ。30代になりたてだったその当時から、上司や先輩にはとても可愛がってもらっていたという。

「とにかく誰にでも挨拶をしっかりしてただけ。昔、いろんな仕事で名を残せたのは、本当に周りの人のおかげなんだよ」

ＡＶ男優となった今も、若いスタッフに対して、礼儀正しい態度と感謝の気持ちを忘れないようにしているという。

「映像制作の仕事っていうのは、下の人間がいちばん辛いもの。多少の無礼があったとしても、男優にまで文句を言われちゃ、たまんないだろうから」

一流芸能人を間近で見ていた経験が生きまくる!!

そんな彼が、ＡＶ男優として確固たる地位を築けているわけは、人柄がいいというだけでは決してない。その特徴は芝居のうまさであり、彼が出演するドラマ作品には非常にクオリティが高いものが多い。テレビマン時代に、一流の俳優たちの演技を間近でみていた経験から得た技量だという。彼は人柄と実力、その両方で重宝される、人としても非常に魅力的な男優だ。

元有名人のＡＶ男優

決して本名を明かすことはできないが、彼はプロデューサーとして確たる経歴を持ち、いまだ業界とパイプもある人物だ。「元芸能人」といった冠は、AV女優に多いものだが、彼もまた、知る人ぞ知る「元有名人」なのである。

天は彼に二物も三物も与えたのか!? SEX強者のインテリ

弁護士を目指し資格も獲得 イケメン秀才人気AV男優

「AV男優を本格的に目指したい」

特異なAV男優4

鏡恭介（仮名）

31歳

鏡恭介はイケメン、高学歴、高収入と最強のステータスを誇る人気AV男優だ。当然SEXもうまい。彼のような人間を見ていると、凡人である私は嫉妬にまみれてやまないわけだが、ときに選ばれた人間には、天は二物も三物も与えるものなのだ。彼は某有名大学の法学部を卒業し、弁護士資格を保有するインテリでもある。AV男優になったきっかけは、「ストレス解消」だったそうだ。勉強に明け暮れた青春を送り、ストレス過多状態に。そんなとき、好きだったAVメーカーの男優募集

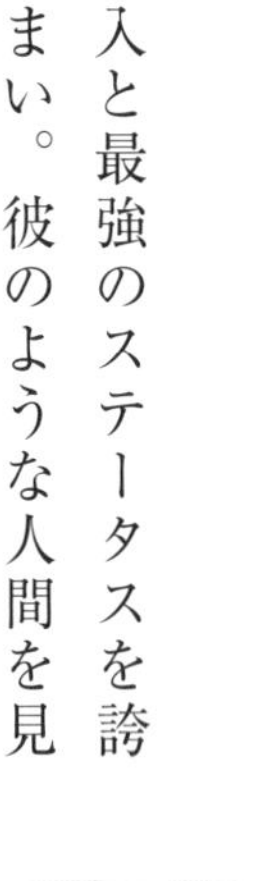

を見て応募し、汁男優としてたまの撮影現場を楽しんだ。大学を卒業後、弁護士資格を取得するが、「ＡＶ男優を本格的に目指したい」という自分の素直な気持ちに気付く。

弁護士になるかAV男優になるか究極の選択を経て

「学費を出してくれた親や、当時、交際していた彼女には申し訳なかったのですが……これまで、ほとんど勉強一筋で生きてきたせいもあり、本当の夢を見つけたうれしさがあって」

心に決めてしまうと、一気に突き進む性格だった。彼女からはフラれてしまったものの、親は納得がいかない様子ながら、「本気でヤリたいことなら仕方がない」と認めてくれた。以来、元来の生真面目さと頭のよさもあり、順調に成り上がり、現在はトップ男優の一員として、彼はＡＶ業界に君臨している。

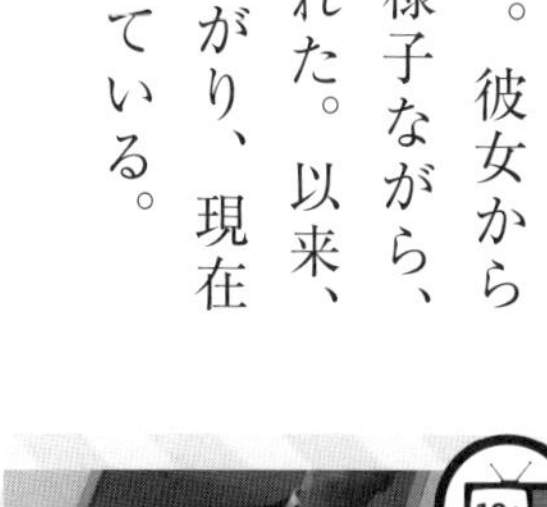

インテリ男優

AV男優には意外と高学歴の人が多い。裸にさえなれれば誰でもできると思われがちな職業だが、人前でSEXを完遂できる度胸のほかに、さまざまな都合や台本を理解する能力も必要。頭のよさは、実は男優になるための必須能力なのだ。

麻雀の実力はプロ以上!! ＡＶ男優の力量は業界最高クラス

表の顔はアマチュア雀士 裏の顔は重鎮ＡＶ男優

「女優の心を愛撫するような……」

特異なAV男優5

松田夢乃介
（仮名）
48歳

松田夢乃介は、私が小学生のころからＡＶ男優をしている超ベテラン男優だ。おそらく、顔を見ればＡＶファンならずとも、「見たことある！」と思うであろう知名度を誇る。彼は、トップ男優として業界に君臨し続けていることを、周りに納得させる実力を携えている。まるで、女優の心を愛撫するような、ハスキーなささやき声での言葉責め、どんなマグロ女優でも感じさせるテクニック、そして、長時間のピストンに耐えうる体力。高額のギャラを払ってでも、彼を呼びたいという監督はいまだ

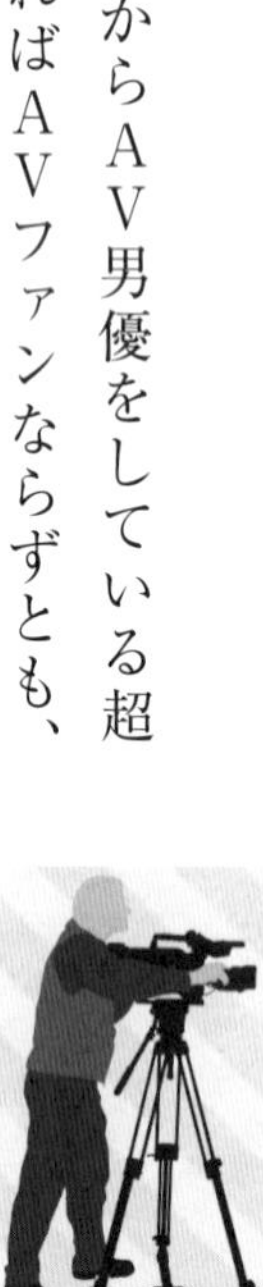

多く、その信頼度はまさに重鎮と呼ぶにふさわしい。

女優に与えるオルガズムは……まさに役満級！

そんな松田は、ＡＶ男優のほかに、もうひとつの顔を持っている。それは雀士だ。立場としてはアマチュアであるが、その実力は相当なものであり、さまざまな大会での戦歴も優秀であり、麻雀業界でも確たる地位を築いている。ＡＶ撮影現場において、麻雀をしているシーンなどがあると、いろいろなテクニックを教えたりもしてくれる。ドラマ作品では、その風貌と芝居のうまさから、悪役を任されることが多いが、後輩男優やスタッフにも優しいという、非の打ち所がない素晴らしい人だ。

心底好きでやっているという、ＡＶ男優と雀士の2足のわらじ。これからも、生涯現役を貫き、履き続けるという。

2足のわらじ

ほかでも触れているが、男優業のほかに副業をもつような人も結構いる。だが、松田のように、両方の業界でトップに君臨する人はほかにいないだろう。やはり能力の高い人間は、何をやっても成功するもの？

とにかく明るく現場を盛り上げる……女優から指名されることも

おもてなし術に長けた激モテ元居酒屋店長男優

「おもてなしこそ、男優の極意」

特異なAV男優6

円谷平太

（仮名）

40歳

円谷平太は、元居酒屋店長のAV男優だ。その風貌は、剃りこみが似合いそうな、眼光鋭いルックス。はじめて会う人なら、その第一印象を「怖そうな人」と感じることだろう。だが、性格はとても明るく、少し話してみると、誰とでもすぐに打ち解けてしまう、気さくな一面が垣間見える。

彼はAV男優になるまで、さまざまな職業や経験をしていた。高校を卒業し、まずは引っ越し業者に。そこで体力をつけると、次に「もともと興味があった」という役者の世界へと飛

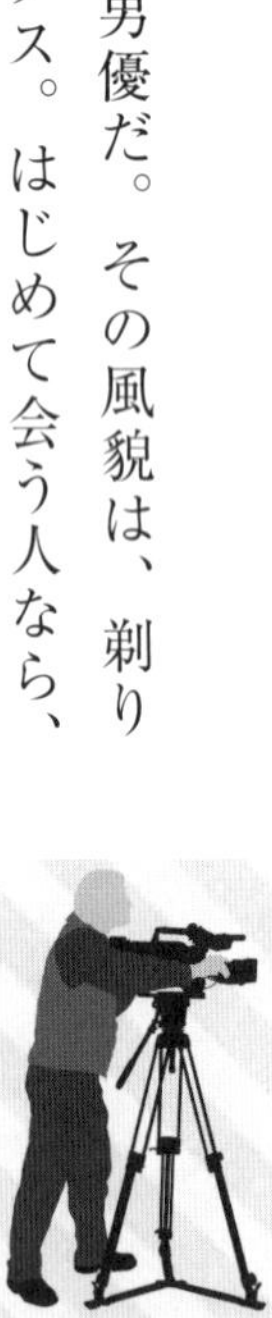

び込む。舞台での活動を5年ほど続け、演技の〝いろは〟を学ぶ。そして、役者をしながら続けていた居酒屋でのアルバイトから、そのまま店長になり、経営職も経験。そのときに学んだおもてなし術が、男優となった現在、非常に役立っているという。

「AV男優は、女性（女優）におもてなしをする職業だと思っています。誠心誠意尽くす気持ちでやらないと、女性（女優）は感じてくれないから」

撮影現場の雰囲気作りは彼にお任せ！

女優に対してだけでなく、撮影現場で、監督がたばこを吸おうとしたら、スッとライターを差し出したり、お茶を注いであげたりと、周りの人にさりげなくよく気を遣う。そんな人柄が周囲を和ませ、いろいろな現場で重宝されている。

撮影現場のおもてなし

AV現場では、皆が女優に気を遣わなければいけないもの。あまり言いたくないが、性格がよくない女優もいる。そんなときは円谷のような、おもてなし上手の男優がいたりすると、非常に助かるわけだ。

女優の膣内を強制刺激する、凄まじい強度のペニス!!

甲子園出場経験有り! 金属バット級の肉棒男優

「パワーは足腰から生まれるんです」

特異なAV男優7

篠原英輔

（仮名）

23歳

篠原英輔は小柄なので、いい意味で存在感がなく、それでいて体力は凄まじく射精力も強い。若手不足が叫ばれている昨今のAV業界において、現在、「20代ナンバーワン」の呼び声も高い人気男優だ。

そんな彼は、幼いころから野球一筋の人生を歩み、高校時代には強豪校にてレギュラーを務めた。3年時には甲子園にも出場。現在も休日には草野球で汗を流している。やはり、下半身とペニスの強さは野球で鍛え上げられたものだそうだ。

「野球においていちばん重要なのは、下半身の強さ。打つときも、投げるときも、走るときも、すべてのパワーは足腰から生まれるんです。それはAV男優も同じ。ハメるときも、体位を変えるときも、射精するときも、まず下半身の動きからはじまるわけです」

下半身の強さとペニスの硬度は業界最強!?

彼が話す理屈には、少々の無理があるとは思う（篠原はちょっと天然な性格）が、確かにAVでのSEXは、一般のそれとは違い、スポーツ的な要素が強い。要は、「見せる」ことが重要なため、ハメている最中にもポージングや表情、演技力などが求められる。それはさながらフィギュアスケートのごとし、であり、からだが鍛えられていないと難しい行為なのだ。

野球経験者の下半身は最強!?

AV女優の多くが、「野球経験者とのSEXは凄い！」と語っている。下半身の力と、持久力がハンパではないとのことだ。さらにテクニックもバツグンらしく、事実、野球をしていた男優は一流に成り上がる率も高いように思う。

性欲を解消するためだけに……フラッと現場にきてSEX

かつては名店のNo.1⁉ 元ホストのお気楽AV男優

「SEXしたいけど、女はめんどう」

特異なAV男優8

カープ石田

（仮名）

33歳

カープ石田は、元ホストだ。20代のころには「ある有名店でナンバーワンだった」こともあるらしい。

ホストをはじめて2年目くらいのころ。ある客からのSEXの誘いを断ったら、翌日、ナイフを持って店に押し入られたことがあった。それ以来、女性の誘いを断るのが怖くて、求めてくる客を抱きまくるようになる。だが、SEXする際も相手に気を遣いすぎて、やがて、女性不信になってしまったという。

ホストを辞め、引き籠りのような生活を続けた。心身ともに休

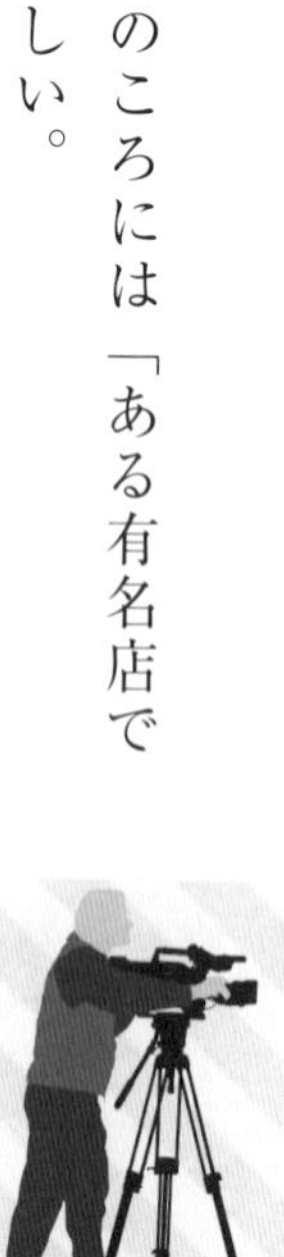

息充分になると、再び男の本能が疼きだし、「ＳＥＸはしたいけど、女はめんどうくさい」という状態に。やがて、ＡＶ男優でもやってみるか、と軽い気持ちで業界入りする。さすがの経験値があったため、見せるＳＥＸのコツを掴むと、またたく間に人気男優へと登りつめた。

ＡＶ男優の仕事は……あくまで性欲処理？

「女優さんはテクニックがあって、男優にとってみれば気持ちいいことの連続。その上、あくまでお互いが仕事だから、ホストの客のように、女性として気を遣わなくていい」

今では、ユル～い気持ちで、性欲を満たすためだけに現場に行くのだという。舌打ちをしたくなるような意見かもしれないが、そのマイペースな男優生活は、非常にうらやましくもある。

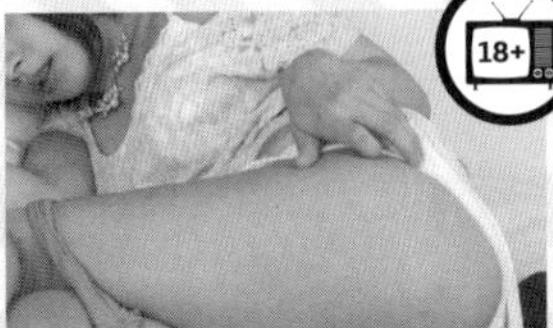

AVのSEXはめんどうじゃない

仕事として真面目に考えると、責任と都合があるため、大変なAVでのSEX。だが、石田のように、女性に疲れた男性にとってみると、あと腐れなど絶対になく、ギャラももらえるので最高なんだとか。

監督の号令を受ければ美女のアソコへ猪突猛進!!

得意技はほふく前進クンニ 元自衛隊員のAV男優

「AV女優さんとSEXがしたかった」

特異なAV男優9

伊藤宮二郎
（仮名）
26歳

伊藤宮二郎は、「強くなれる気がした」と、高校を出てすぐに自衛隊に入隊。AV男優になるまでの6年間、訓練漬けの毎日だった。「人に話してはいけない決まりがある」といい、その当時のことを教えてはくれなかったが、鍛えられた肉体と意志の強そうなまなざしは、彼の過去が真実であるということを、雄弁に物語っていた。

そんな彼が、なぜAV業界に入ったのかというと、ずばり、「AV女優さんとSEXがしたかったから」だそうだ。裏表のない

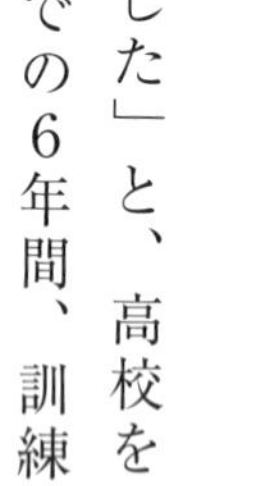

人柄が評価されてか、まだ男優歴は浅いにもかかわらず、懇意にしてくれる監督も多いらしい。得意にしているのはやはり、あり余る体力を駆使しての激しいカラミだ。なかでも、監督のゴーサインを受けて、ほふく前進のスタイルで女性器へと一直線に向かっていくクンニリングスは、素晴らしい姿勢のよさである。

鍛えられたからだと命令に忠実なマインドが武器！

「カラミの最中の手際のよさを、ほめてもらうことが多いです」

一糸乱れぬ隊列を組んで行進したり、忠実に命令を遂行する訓練をさんざん受けてきたのだろう。ＡＶにおいて実行される彼の一連の行動には、一生懸命さがにじみ、美しささえ感じさせるものなのであった。

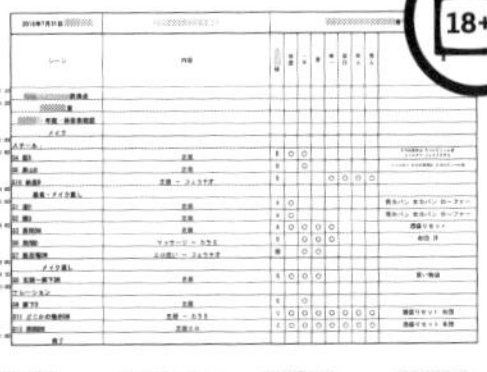

手際のよさをほめられる

近年のＡＶ撮影は、スケジュールが非常にタイトな場合が多い。そのため、カラミの手際が悪いと、怒りだす監督も。いろいろな指示を受けたうえで、決められた時間内で、決められた行為をバチッと行なう必要があるのだ。

カラミのあとは元鞘の会社が販売するドリンクで水分補給？

ＡＶが好きすぎて男優に⁉ 清涼飲料水メーカー元社員

「妻からは文句も言われませんでした」

特異なAV男優10

日野幸助

（仮名）

69歳

日野幸助氏は、はっきりいって金持ちだ。高度経済成長期に某世界的飲料水メーカーの社員となり、順調に出世。バブル時代に入ると、とんとん拍子に昇給していった。

「最高時は手取りで、年収１５００万円近くありました」

とにかく、好景気の波に乗っていた時代。今でいうと、窓際族に近い存在だったにもかかわらず、気がつくと高所得者になっていた。ただ、机に座っているだけで、給料をもらっている感覚だったという。ＡＶを見ることが何よりの楽しみだっ

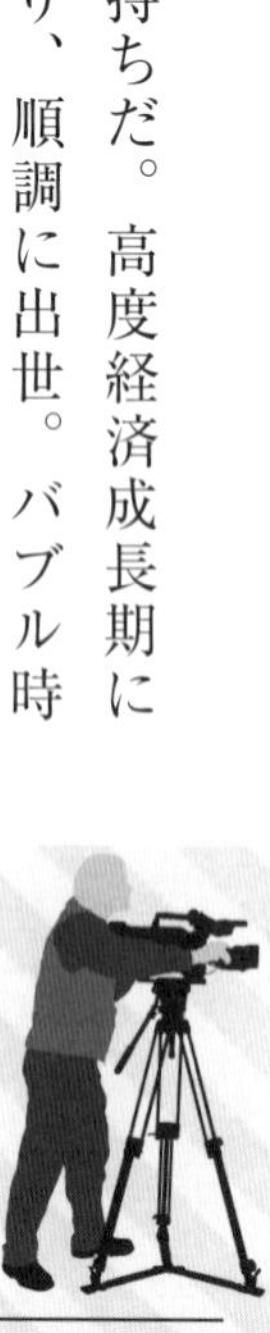

た。当時のAVは、VHSテープで、1本の値段は1万円以上もしたが、迷うことなく買い漁った。奥さんもあきれて黙認していたらしい。

「押し入れに入りきらないほどの数でしたから、隠すのも無理。別に借金してまで欲しがったわけじゃなかったから、妻からはなんの文句も言われませんでしたよ」

所有本数は数千本と豪語する生粋のエロコレクター

バブルが弾けたあとも、その状態はしばらく続き、平成11年にリストラに合うまで、その会社に勤めた。まだ、50歳になったばかりだったが、貯蓄も十分にあったため、再就職もせず、とりあえずは自分の好きなことをして生きようと、AV男優になる決心をする。

世間は不況の波に飲み込まれていたが、足を踏み入れた当時

AVコレクター

日野のように、生粋のAVコレクターが、好きが高じて男優になることも多い。しかし、やはりファンであることと、出演者になって成功するかは、まったく別の話。彼のような例は稀であり、そういったタイプは長続きしないことが多い。

のＡＶ業界は、まさにバブル期の真っただ中だった。
「50歳の新人男優だった自分にも、いいギャラの仕事がたくさん来たんです。一般社会でもバブル時代においしい思いをして、今度はＡＶ業界でも……本当に自分は運がある人間だと思いましたね」

ユルい人生価値観が生んだキャラクター

経済的に、まったく辛い思いを経験したことのない人生が、思いつめることのない、ユル～い人格を育んだ。おまぬけ中年キャラクターが定着し、重宝された。それからＡＶバブルも弾けると、さすがに仕事も減り、70歳を前にした現在は男優業も引退。かつて収集したＡＶを観ながら、悠々自適な隠居生活を送っているのだという。

CHECK WORDS 【AVバブル】AV Bubble Boom

◎90年代後期に起きた、「インディーズAVブーム」により火がつき、00年代半ばまで続いた、AV業界の好景気。VHS時代は1万円以上もした作品単価も、媒体がDVDになると数千円になり、購買者の増加に拍車をかけた。

第4発目

現場が男を強くする！

撮影中に起こった〝悲喜こもごも〟

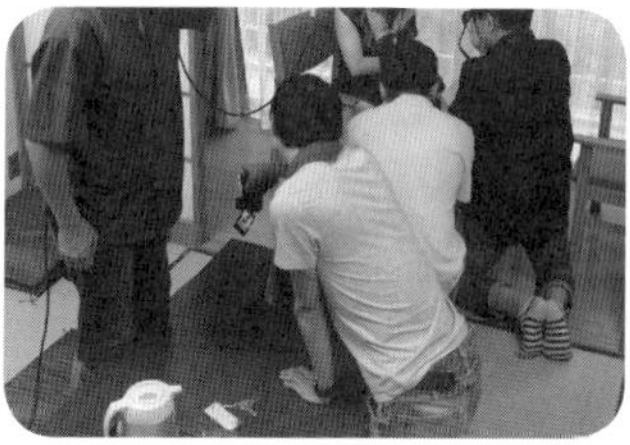

男たちよ、カメラを止めるな！

人と人が触れ合う。しかも、濃密に触れ合う空間が、
ＡＶ現場なので、さまざまなトラブルも発生します。
もっともよくある例としては、男優が勃起しない、
いわゆる、「勃ち待ち」の状態ですが、それ以外にも
多くの困難が男優たちを待ち受けています。
彼らがそれをどう乗り越えていったのか、
男優たちの生きざまを見せつけます！

自慢のペニスが、うんともすんとも言わなくなった！ そんなときは……

AV撮影現場最大の地獄!?「勃ち待ち」こそ正念場

「押してるんだから、失敗するなよ」

話してくれた人
ぶんぶん丸
（仮名）
33歳

「勃ち待ち」とは、読んで字の如し、「ペニスが勃起するのを待っている」状態のことを言う。プロのＡＶ男優ならば、勃起することなど簡単なのでは、と思われるかもしれないが、撮影現場では、あらゆる都合が入り乱れるため、男優の気持ちが萎えてしまうのは往々にしてあるのだ。

単純に性的刺激が途切れた場合（監督の指示が入って、カメラが止まるなど）なら、すぐにまた女優に触れたりして、興奮状態に戻れば勃起する。しかし、たとえば「女優の機嫌が最悪

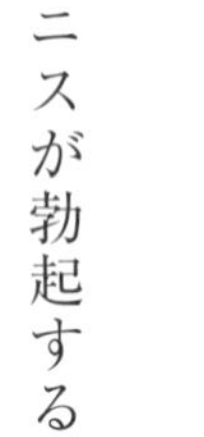

の状態」「スケジュールが押していて、現場の空気が悪い」「監督がキレていて怖い」といった状況だと、なかなかペニスに芯が入らなくなってしまう。

そんなときに、男優は自分でペニスをシゴいて、強制的に勃起させなければならない。男性の方なら、理解していただけると思うが、勃起をするには性的興奮が非常に大事なもの。プレッシャーがかかる場面では、エロい気分になんてなるわけないし、たとえ目の前に美女の裸体が転がっていようとも、怖いスタッフにとり囲まれていたら、震えてそれどころではないだろう。

極寒と不協和音が充満する……最悪の撮影状況で

ぶんぶん丸は、精液の量を買われて人気となっている汁男優

自分でシゴく

主に汁男優の作業ではあるが、男優はみな、自分でペニスをシゴいて勃起させるのに慣れている。男性であれば誰でもできそうではあるが、大勢の人がいる前で、即座にフルマックスにするには、度胸とテクニックが必要。

だ。そんな彼が経験した最大最悪の「勃ち待ち」は、とある冬に行なわれた地方ロケだったという。

「山梨にある、私設の体育館を借り切っての、学校のアイドルをみんなでヤッちゃう……みたいな撮影だったのですが、気温はマイナスで、めちゃくちゃ寒い。女優さんに門限もあって、撮影を早く終わらせて帰らなければならない。それなのに進行は遅れていて、女優も不安になってて、現場の雰囲気は最悪でした」

スタッフはとにかく急いでおり、「失敗するなよ」と念を押された。もし、勃ち待ちなど発生したら、女優を時間通りに帰せない。凄まじいプレッシャーだったという。

口をきいてくれなくなるスタッフたち

そんな最悪の状況の上、寒くてペニスは縮みあがっていたので、お約束のように、勃ち待ちへ突入。サオをシゴき続けたが、ピクリともせず1時間が経過してしまう。もはや、勃起どころか、ペニスの感覚は完全喪失。結局、撮影は後日に続きを撮るということになり、その日は撤収となった。帰り道は、監督もスタッフも、一言も口をきいてくれなかったらしい。

勃ち待ちのときに、ペニスをシゴいている男優の心情を、一般の方にもわかりやすくたとえるなら、会社の上司の結婚式でスピーチを任された壇上で、ズボンを脱がされて「勃起してみろ」と命令されているくらいのシビアなものだろうか。そんな凄まじい状況下で性的興奮を強制的に呼びおこし、勃起して射精までする彼ら。ＡＶ男優たちは皆、並の精神力ではない。いつでもどこでも、即座に勃起できるくらいの度量がなければ、成りえない職業といえるのかもしれない。

CHECK WORDS 【精神力】Mental Power

◎ＡＶ男優は皆、精神力が強い。むしろ、心の強さは、一番重要なファクターだ。本来、性行為とは自分の好きにやりたいもの。それを周りの都合に合わせて、行なう必要もあるのだから、心は自然と強くなる。

戦争を知る人が少なくなっている昨今……超貴重な体験談

ファーストキスはロシア兵 歴史資料的な古希熟女ＡＶ

「涙ぐむスタッフもいましたね」

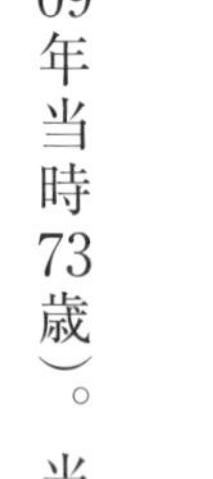

話してくれた人
小野まさお
（仮名）
33歳

その女優の名は、赤崎景子さん（09年当時73歳）。当時、私と小野まさおという同僚が在籍していたＡＶメーカーで、デビュー作を制作した古希熟女さんであった。デビュー作のＡＶは、たいていインタビューをしてカラミをするだけのシンプルな構成であり、彼女の場合もそれにならい、まずは話を伺うという段取りで撮影がスタートした。そのときのスタッフたちは、「可能な限り本当の話を聞く」ということをモットーとしていたため、彼女の生い立ちから、ＡＶ出演を決心するまで、長時間に渡るインタビューとなった。

インタビューの内容は非常に感慨深い戦争体験

「太平洋戦争のときに、住んでいた親戚を頼って、家族で満州に渡りました。そこで終戦を迎えたのですが、私のはじめてのキスは……ロシアの兵隊さんが相手だったんです」

終戦は9歳のときだった。親から「日本が負けた」と知らされて数日後、大きな講堂のような場所に、ロシア人たちにより家族もろとも連行されたという。その場所で数日間生活することになるが、ある朝、目を覚ますと、青い目をした大柄の男が、彼女の唇にキスをしていた。1度開いた目を閉じると、寝ている彼女の頭をひとなでし、ロシア語で一言だけつぶやいて、男は去っていった。そのときは、はじめて男の人とキスをした、

セフレのいる熟年層

赤崎さんのように、70代でSEXを毎日しているような方は、さすがに少ないだろうが、50代くらいの年齢層の女性には、意外とセフレがいる人も多い。今のその世代の人たちは、性に対しても本当に元気なのだ。

という感慨はまったくなく、どうしてそんなことをされたのか、ただただわからなかったという。

ほかにも、本土に住んでいたときに疎開した先で農業にいそしんだ話、15歳のときに、恋仲となった幼なじみと闇市に行った話など、彼女の話を聞くことは、まるで歴史資料を読んでいるような感覚にさせられるものばかりだった。

2時間にも及んだインタビューを終えると、SEX撮影をするような雰囲気ではなくなり、スタッフの中には目頭を熱くする者までいた。そのときの男優は、私と小野が務めることになっていたが、その撮影がAVだということを忘れさせられるような、なんとも言えない空気が、スタジオに充満していたのをよく覚えている。

そんな彼女も裸になれば凄まじい淫乱老婆!?

そうして、少しの休憩を挟んでから、8畳の和室に布団を敷き、カラミ撮影が始まった。まず、最初にお相手をしたのは小野だった。インタビュー時の粛々とした雰囲気とうって変わり、赤崎さんは70代という年齢をまったく感じさせないスケベさを披露する。彼女はその歳になってもセフレがいるような性豪で、毎日のように自宅でSEXをしているのだという。自ら上になり、騎乗位で腰を振りまくる。それは、並のAV女優では太刀打ちできないほどの激しさだった。

そのまま強制的に射精へと導かれた小野は、なんとも言えない表情を続けていた。あんなインタビューを聞いたあとでは、どういった心持ちでSEXすればいいのかわからなかったらしい。彼女の本名（芸名）を、ここで明かすことはできないが、興味のある方はぜひ、作品を探していただきたいものだ。見応えがあることは私が保証する。

CHECK WORDS【古希熟女】Seventy Years of Age

◎70歳を古希と呼び、長寿の節目としてお祝いする風習もある。しかし、古希ともなれば完全に老女。そんな年齢の女性もモデルにするあたりが、日本のＡＶ文化の多種多様ぶりを表しているといえる。

ぜひ見習いたいテクニック！ それは心理学者並みの人心掌握術？

現場で1番きついこと……機嫌最悪の女優との戦い

「最後の手段は、土下座ですね」

話してくれた人
木村ひろゆき
（著者）
35歳

ＡＶ撮影現場では、さまざまな人間関係トラブルが発生することがある。そんな中で、もっとも大変なのが、女優の機嫌をひどく損ねてしまった場合だ。

ベテラン女優にもなると、周りに気を遣う人も多く、滅多なことでは怒りはしないが、新人や、気が強すぎる女優などは、気を抜くと機嫌が悪くなりがち。それはＡＶがセンシティブな仕事であるゆえ、仕方がないことだろう。私が今までに経験した中では、女優が号泣し、控室に6時間ほど籠ってしまったというものもある。では、そんな状況を作らないようにするには、もしくは起きてしまったらどうするのが得策だろうか。

女優が泣きだして現場が停止。そんなときは……

ズバリいうと、男優やスタッフにイケメンを配置すること。悲しいかな、女性はやっぱり、いい男がいると上機嫌になる場合が多い。次に、甘いものをたくさん用意しておくこと。女優の好物を調べておくのもいい。女性は食べることが大好きだ。最後の手段は土下座。結局のところ、AV女優も人間であり、本気で謝罪をすれば、許してくれることも多い。私も、現場に遅刻しては、よく土下座をしていたものである（これらは、あくまで私の個人的意見です。誰にでも有効なわけでは決してありません。あしからず）。

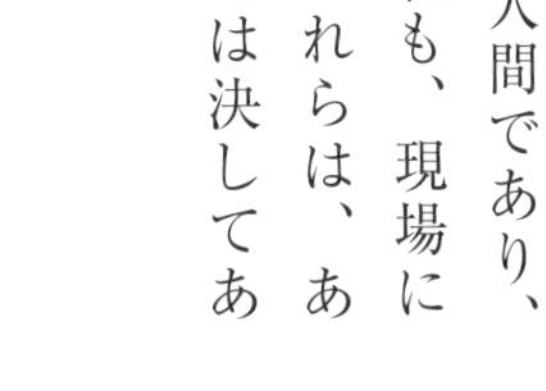

女優は神様

AVは基本的に、どんな作品でも女優が主役。彼女たちがいないとはじまらない。だから、現場スタッフや男優たちは、常に彼女たちの心身のケアを心がける。いいAVは、女優たちの健全な心身から生まれるのだ！

赤いブツブツが……ご開帳をした瞬間に凍りついた撮影現場

性病の女優がやって来た⁉ 男優生命、危機一発‼

「クンニをするのだけは勘弁して」

話してくれた人

猪狩きいち（仮名）26歳

猪狩きいちは、当時の体験を思い出すと、「本当にクンニをするのは勘弁してもらいたかった」という。その撮影は、素人の女性とただSEXをするだけという簡単なものだった。AVメーカーは、素人女性をモデルとして募集する活動も行なっていて、そういった人の中にも、プロダクションに所属するプロのAV女優より、エロくてキレイなダイヤの原石がいたりするから面白いものだ。だが、そのときに現場へやって来た安井美智子さん（仮名・33歳）は、ダイヤの原石どころか、たいへん

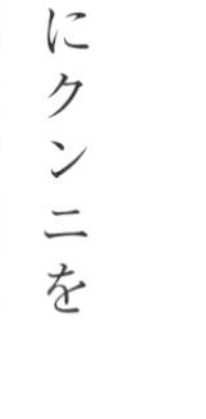

な女性であった。

女性器の周りに……それは密生していた!

猪狩がクンニリングスをするために両足を開くと、女性器の周りにびっしりと、小さくて赤い〝フジツボ〟のような突起が密生していたのだ。猪狩は監督に「無理です!」というジェスチャーを送った。監督も作品を作って納品する責任があるため、「頼むからやってくれ!」と言いたげな眼光を飛ばす。猪狩は泣く泣く、その突起群に向かって顔を埋め込んだ。

撮影後、彼女は「ただのあせも」だと言った。素人女性のため、性病検査を受けさせて真偽を確かめるわけにもいかず、忘れるしかない思い出だが、猪狩がその後、性病をうつされた、という話は出ていないのが、せめてもの救いだろうか。

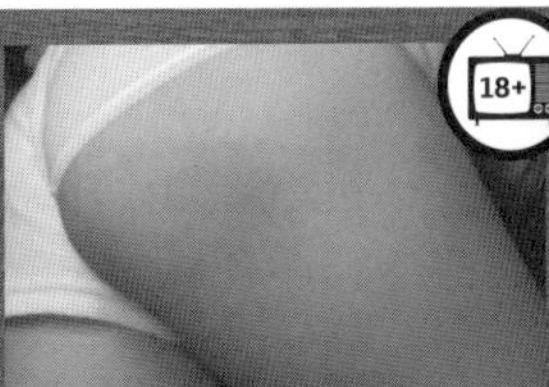

赤いブツブツ

肌が弱い女優は、確かに夏場になるとあせもがよくできる。だが、素人モデルの女性は、性病検査を受けているのかどうかも不明だ。そういった理由のため、近年では素人モデルを採用するメーカーもなくなりつつある。

目の前には本気で感じるいい女！ さらに、アソコも超名器で……

プロでも我慢できない！ 暴発射精、待ったなし

「涙を流すと射精感が薄れます」

AV男優の中には、どんな高速手コキをされても、神業のフェラチオをされても、「自分のタイミングでのみ射精できる！」と豪語する人もいる。確かに、AV男優たちは、作品の尺や撮影現場での都合に従って射精しなければならないので、射精のコントロールには長けているものだ。フリオ坂口も、監督の指示通りの射精をこなすことができる中堅男優である。

「どんな名器の膣でも、自分のペニスとフィットしない部分が必ずあるんです。そこに当ててピストンする。たいていは、こ

話してくれた人

フリオ坂口

（仮名）

29歳

れだけで撮り尺を作れますよ」

辛抱たまらん……そんなときは涙を流し乗り切る!?

もっとも効果的な手段が、「涙を流す」ことだそうだ。

「涙を流す行為って、ストレスを一気に吐き出す効果がある。この『吐き出す』って行為を、SEX中に射精と別に行なうことが重要。涙を流すと、いろいろな体の負荷がスーッと消えて、射精感も薄れるんです」

そんな彼にも、暴発してしまった経験はもちろんある。ファンだったアイドルに激似の女優を相手にしたときだという。あまりにも興奮しすぎて、手段を講じようとする前に、思い切りイッてしまったらしい。暴発するかどうかは、結局のところは相手次第?

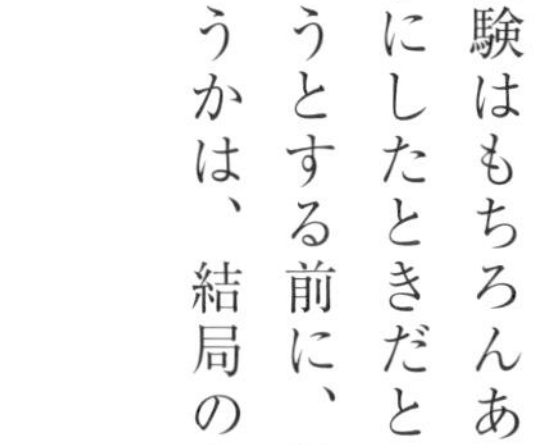

暴発射精

男優が暴発してしまうのもAV撮影時によくある事態。望まれるタイミング以外で射精してしまうと、場合によっては作品にならないため、男優は自分なりの射精術を日ごろから身につけようとするものだ。

撮影現場でも鍛え続けるＡＶ男優たち……すべては勃起のため！

男優はお弁当を食べない？ ストイックで綿密な勃起術

「ネバネバを想像すれば、勃起する」

話してくれた人
甲信亮
（仮名）
25歳

満腹になると、性欲が減少する。血糖値が上がると勃起力が下がる。それらは、今流行りの食事療法などでもいわれていることだが、ＡＶ男優たちの食事は非常に面白い。甲信亮は、撮影現場で用意される弁当は食べないようにしているという。

「いただいたお弁当は、家に持ち帰ってから食べます。カラミの前にお腹を満たすと、どうも調子が悪いですからね」

彼は男優の中でもストイックさには定評がある若手で、出番がくる前の時間でも、スクワットをするような男だ。スクワッ

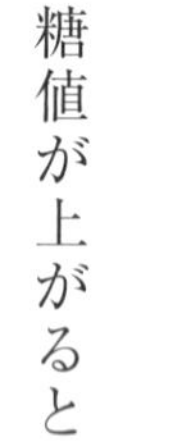

トは、勃起時に必要な筋肉を鍛えるのに効果があるという。

精進しすぎて……野菜にまで欲情する境地に!?

ほかにも各種プロテイン、ビタミン剤などを大量に持参し、カバンはパンパン。決められた時間になると、それらを口に流し込んでいる。普段はネバネバしたものを好み、山芋やオクラをよく食べるという。これらは、たんぱく質の効率良い吸収に役立つため、からだ作りにかかせないのだとか。

「最近では、食材を思い浮かべるだけで勃起できるようになりました（笑）。好みの女優が相手でなくても、山芋のネバネバを想像すれば、ビンビンですよ！」

野菜に欲情できるほどの超人になること……それがＡＶ男優、究極の勃起術!?

ＡＶ男優が持参するもの

撮影にやってくる彼らは、たいてい大きなカバンを持ってくる。その中には、着替えのパンツやＴシャツのほかに、大量のサプリメントやプロテイン、からだにいい食材を詰めたタッパなどが、大量に入っている。

売れッコ汁男優たちの信じられない射精テクニック

射精しないとノーギャラ!? 追いつめられた汁男優

「毎現場、本当に必死ですよ」

話してくれた人
橋田イーモウ（仮名）
40歳

最近の撮影現場には、昔堅気な怖いスタッフも少なくなり、基本的に出演者たちは手厚く扱われるようになった（女優と男優がいなければ、作品にならないのだから、考えてみれば当然ではあるが）。どんな下手をうっても、ノーギャラにされることは滅多にないが、それでも射精の成功うんぬんで報酬が左右されてしまうのが汁男優の人たちだ。

「失敗すれば、ギャラを減らされるか、支給されず、生活が苦しくなる。だから毎現場、本当に必死ですよ」

真剣な表情でそう語るのは、橋田イーモウ。彼の射精術は面白いもので、まるで小型の扇風機のように、とにかくペニスを振り回すというもの。中学生のころにオナニーを覚えて以来、一番気持ちがよくなるやり方なのだという。

扇風機のようにペニスを回し、精液を放射!!

ある撮影で、進行が押して女優の機嫌が悪くなってしまったとき。橋田には相当のプレッシャーがかかっていた。すると彼は、サオの残像が見えるほどの凄まじい速度でペニスを回し、精液を飛び散らせながら、顔射を決めた。顔中を汚された女優はさらに怒り、逃げるようにして帰っていったが、スタッフ全員の爆笑を誘った彼はその日、しっかりとギャラを受け取り、悠々とスタジオをあとにしたのだった。

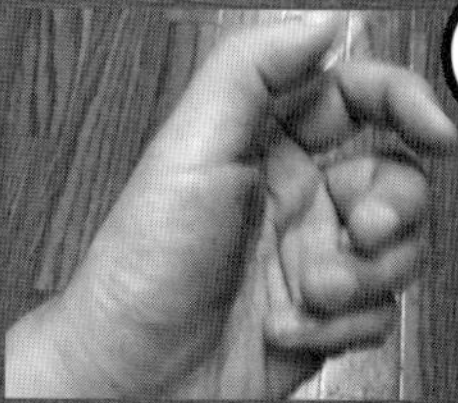

汁男優の射精術

かつての時代の掟である、「失敗したらノーギャラ」という意識が脳裏にこびりついているという彼らは、射精の成功うんぬんで生活が左右されてしまうために、各人が独自の素晴らしい射精テクニックを持っている。

女優がまったく喘がない……それはAV撮影最大の窮地！

うんともすんとも言わず！完全マグロの女優が来た

「目標は、完全に沈黙しました」

田中樹は、その撮影を思い返して、申し訳なさそうな失笑を浮かべた。本物のお嬢様女子大生というふれこみでデビューしていたその女優は、笑うと覗く八重歯がとても可愛らしく、スタッフたちとの会話も盛り上がる、明るい女性だった。

そんな風に和気あいあいとしていたものの、撮影が始まると暗雲が立ちこめる。緊張のせいなのか、恥じらいのせいなのか、彼女は愛撫をしても声を出さず、からだも微動だにしない。さっきまでの明るい姿は消え失せ、まるで石像のようにフリーズし

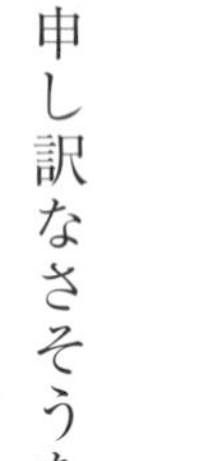

話してくれた人

田中樹

（仮名）

37歳

ていた。監督だった私が、「どうしたの？」と尋ねてみても、きょとんとするばかり。「これはマグロだ！」と気づいたときにはすでに遅し。メーカーから制作費を受け取り、撮影が始まってしまった以上、なんとしてでも完遂せねばならないからだ。

とっさの判断で繰り出された裏技とは!?

そんな私の焦りを察してくれたのか、相手をしていた田中が一念発起し、勢いでカラミをやりきってくれた。途中から、彼女は悶絶するように喘ぎ声を出し始め、さすがだなと感心したが、撮影後に聞くと、「カメラに映らないところで、彼女の足をつねっていた」らしい。実はその対応は、昔からAV男優の間で伝承されている裏技。とっさの判断で、カラミを成立させてくれた田中に、ただただ感謝したものである。

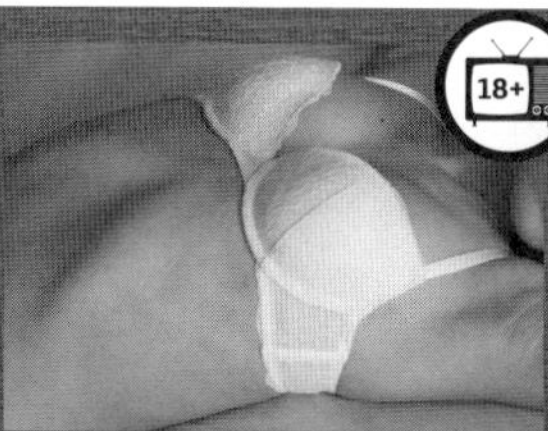

マグロの女優

本来の性格が明るくていいコでも、SEXになると人が変わったように黙りこんでしまう人もいる。どんなことにも向き、不向きがあるように、SEXが極端に苦手な女性も、もちろんいるのである。そんなときは、正直、現場も完全に沈黙する。

AV男優にヤラれる妻を見て喜ぶ夫……狂気の公然ネトラレ！

妻を犯して欲しいんです！変態夫婦に振り回され……

「ぜひ今度、うちの妻と……」

話してくれた人
小島薫
（仮名）
38歳

小島薫が若手のころ、ある休日に先輩男優に連れられて行ったのが、そのビジネスホテルだった。部屋に入ると、30代半ばくらいの男女がソファに座っており、挨拶すると、男性が「さっそくお願いします」と会釈をしてビデオカメラを用意した。困惑していると、先輩はそそくさとした口調で説明を始めた。

「この人たちは、行きつけの居酒屋で知り合った、スワッピングが趣味の変態夫婦なんだけど、俺がAV男優だって言ったら、『ぜひ今度、うちの妻とSEXしてくれませんか？』って

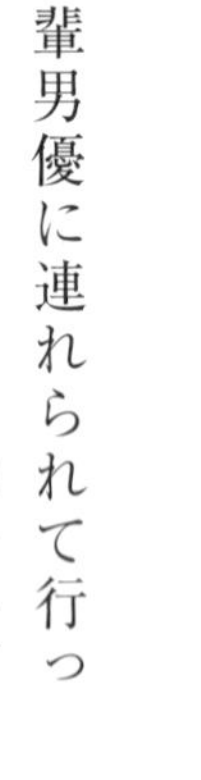

頼まれちゃって。だから、お前、頼むよ」

お世話になっている先輩の顔を立てるために、仕方なく行為に及んだという。その様子を撮影する夫は、物凄い興奮を見せ、気がつくとオナニーを始めていた。

自分の妻に中出しを……狂気のお願いをされて

それ以来、何度も同様のお願いをされ、多いときは週に2度も3度も駆り出された。やがて、夫の欲望は加速し、避妊なしで中出しをしてほしいと頼まれたという。それはさすがにできない、と本気で断ると、それ以来、その夫婦に呼び出されることはなくなった。この話は、AV撮影の現場で起きたことではないが、本当に恐ろしいのは「変態の素人たち」だと小島はしみじみ語っていた。

変態素人の欲望

小島は、「歯止めがきかない分、素人ほど、変態の世界に入ると恐ろしい」と語る。彼らはAV業界人と関わるとき、自分たちの変態的妄想を、すべて受け入れてくれると勘違いしがち。その夫婦は、今どこで何をしているのだろうか。

AV業界では常識？ ある意味エコロジーな夏場の現場

猛暑でもエアコンは禁止 熱中症寸前でもふんばれ！

「エアコンを切ったら外より暑い」

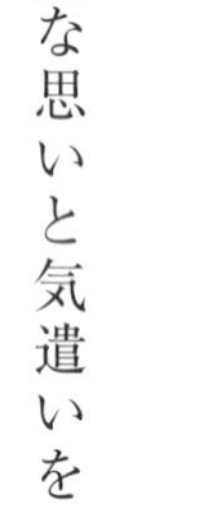

話してくれた人
平田ゆきや
（仮名）
30歳

汗をかきやすい男優さんが、大変な思いと気遣いを強いられるのが、夏の撮影現場だ。エアコンを点けていると、音声に雑音が混じってしまうため、基本的にはオフにする。平田ゆきやは根っからの汗かきで、女優のからだもビチャビチャにしてしまうため、嫌がられることも多いという。

「多くの監督は、『汗まみれだと、本気度が高く見えるからいいよ！』って言ってくれるけど、女優からしたら迷惑でしょう」

そして、ある夏の日の撮影で、怪我をするかもしれなかった事態が起きたという。

広がる汗の海……すべらないように気をつけて!

「その日は猛暑日で、外気温は37度くらいになっていた。スタジオの中も、エアコンを切ったら外より暑く感じるくらいで。それでも『絶対にエアコンは点けない』という監督だったので、僕も女優もスタッフも、全員、汗だくになっていたんですよ」

カラミが始まって30分が経過したとき、スチールカメラマンの人が、床にたまった汗で足をすべらせ転んでしまう。すると、ほかのスタッフたちに、ドミノ式に倒れかかっていき、平田にも監督が突っ込んできてカラミは中断。打撲をした人がいたくらいで大事には至らなかったが、そんな過酷な状況で射精をしなければならない夏は、AV男優にとって鬼門といえるだろう。

夏は地獄

余計な雑音が入ってしまうため、基本的にエアコンや換気扇は切る。そのため、AV撮影現場は冬だと寒いし、夏は暑い。カラミをしていれば、からだが熱くなるため寒さは耐えられるが、夏場は本当に地獄である。

情緒ある風景のなかで、お母さん役の女性と地獄の近親ＳＥＸ！

極寒の露天風呂での撮影 やがて思考は停止状態に

「温泉に浸かってのカラミは辛い」

焚口弘明が大変な経験をしたのは、とある熟女ＡＶメーカーの「母子温泉旅行もの」の現場だった。そのときの撮影は、真冬の群馬の温泉旅館で行なわれ、気温はマイナス1度。雪もちらつき、あたりはすばらしい銀世界だったが、メインの撮影場所となる露天風呂も、もちろん極寒であるため、当然、まずはペニスが縮みあがったという。しかし……、

「大変なのは寒さだと思いますよね？　実は、温泉に浸かりながらのカラミで辛いのは、お湯の熱さなんですよ。あっという

話してくれた人

焚口弘明

（仮名）

26歳

間にのぼせてしまうので……。でも気温は低いから、熱いのか寒いのかわけがわからなくなる」

景色は一面の銀世界……熱いのか寒いのかわからず

そんな状態でカラミを敢行しなければならないのは、想像するだけでも辛い。からだの感覚は時間が経つごとに薄れていき、フィニッシュ前になると、まるで自分の神経がすべてなくなったような不思議な感じになるという。

そして、焚口は1時間近くのSEXを完遂し、終わったときには卒倒してしまった。実は女性は血圧が男性より低いために、のぼせるということはあまりない。女優が大丈夫なら撮影が止まることもないので、冬場の温泉風呂でのカラミもまた、男優殺しの空間なのである。

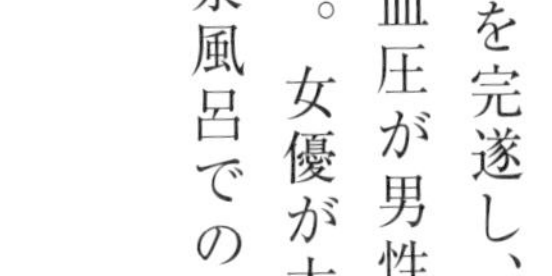

露天風呂での SEX

真冬のロケーションで行なわれる露天風呂のカラミは、絵面だけを見るととても美しい。だが、のぼせと寒さが同時に襲ってくるため、なかなか勃起を維持するのが難しい。水分補給を怠ると、意識ももうろうとしてくるほどの、極限環境なのだ。

いろんな場所で行なわれるAV撮影……トラブルも当然たくさんある？

仲居さんにバレちゃった⁉ ド緊張下での旅館撮影

「撮ってることは、ぜったい内緒で」

話してくれた人
小菅太一
（仮名）
45歳

女将ものや、不倫旅行ものといった、温泉旅館を舞台にしたAV作品は、昔から人気ジャンルのひとつだ。たいていの場合、AVに出てくる旅館は、オーナーが許可を出していて、撮影当日は貸し切りになることが多い。だが、小菅太一が体験した撮影は、ある事情の上に、半ばむりやり断行された撮影だった。

その作品は不倫旅行もの。小菅が人妻役の女優と向かう温泉旅館に、監督が付いて来るという編成で、スケジュールは1泊2日。ロケ先は、監督の友人がオーナーの旅館だったが、実務

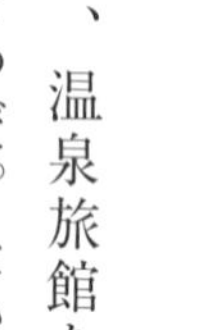

を仕切っている女将さんがモラルに厳しい人だったため、彼女には「だまてん」で撮影をするようと言われていたのだ。

絶対に気づかれないよう……機密行動はスパイ並!?

客を装って伺うと、部屋数は5つしかない小じんまりとした旅館……というより、学生たちが合宿で使うような寂れた民宿だった。おそらく、大きな喘ぎ声でも上げようものなら、館全体に響き渡ってしまうだろう。だが、何もしないで帰るわけにはいかない。さっそくカラミの撮影が開始された。しかし、押し殺すように声を我慢する女優の姿は、逆に素人っぽくて、不倫旅行のリアリティがにじみ出ており、終わると、「これはこれでOKだね！」と、監督はうれしそうに胸をなで下ろした。そのまま2回目のカラミも終え、あとは翌日の朝に、おまけの

「だまてん」での撮影

秘

ＡＶ業界では、わりとよく使われる言葉。元は麻雀用語で「内緒で」の意。ドッキリもの作品の撮影現場などで、「今日の台本は、女優と男優にはだまてんでお願いします」などといった使い方をする。

フェラチオシーンを撮ってすべて完了するはずだった。

SEX直後の部屋に勝手に入られて……

だが、1日目が終了したとき、仲居さんが勝手に玄関を開けて入ってきてしまった。「ポットのお湯を替えに来たんですが……」と気を遣ったつもりの行動だったようだが、照明やカメラは出しっぱなし、小菅と女優は素っ裸だったので、いかがわしい何かをしていたのがバレてしまう。数分後、女将さんが事情を聞きに来たため、すべてを正直に話すと、「お代はいらないから出て行って下さい」と追い出されてしまったのだ。

後日、オーナーから謝りの電話がきたとのことだったが、作品を撮りきれなかった責任を負わされ、監督は制作費を自腹でメーカーに返金したらしい……。

CHECK WORDS 【旅館での撮影】Shooting at a Hotel

◎AV制作者たちは日本中から「撮影に貸してくれる旅館」を常時、探している。ある大手メーカーは新人の最初の業務として、電話による1日50件の旅館探索をノルマとして命じるらしい。

第5発目

プロだって恋に落ちる！

AV男優たちの〝恋愛事情〟

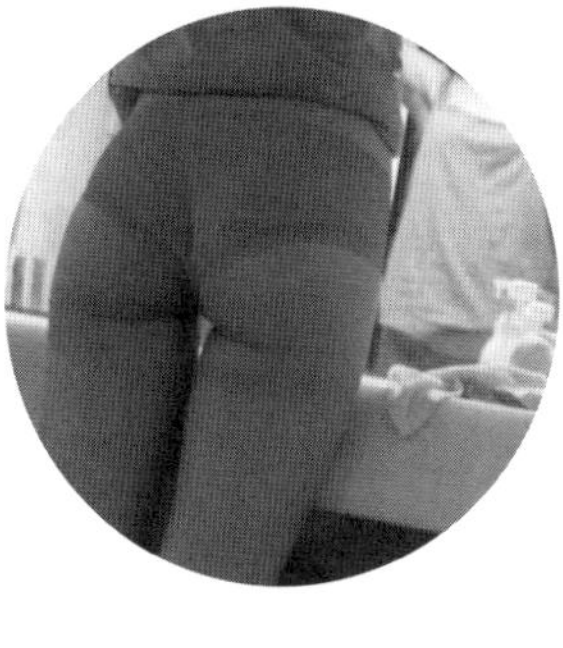

ちょっぴり
恥ずかしい
小さな恋の物語。

意外と思われるかもしれませんが、
ＡＶ男優は、プライベートでモテるのです。
女性の扱いに慣れていくという点から考えても、
気の遣い方などは、一般男性よりも優れているので、
素人女性からもチヤホヤされることが多々あります。
そんな男優たちのおいしいプライベート話を晒します！

今や抱かれたい職業ナンバーワン!? 最近の女性は業界に興味津々で……

ＡＶ男優というだけで……一般女性たちに超モテる!?

「ＡＶ男優とＳＥＸしてみたい」

話してくれた人
川乃美怜
（仮名）
22歳

イケメンＡＶ男優たちによる功績や、現役有名タレントがＡＶ女優に転向することが相次ぎ、世間的にもオープンになったＡＶ業界。それに伴い、ＡＶ男優という職業も世に知れ渡るようになり、彼らに興味を持つ一般女性が増えている。彼女たちの中には、「性のプロであるＡＶ男優とＳＥＸしてみたい」という願望を持つ人もいて、それを実行したのが、美形のルックスを武器に、人気女優に成りあがった川乃美怜である。

彼女は、素人時代に友人を介し、あるＡＶ男優と知り合っ

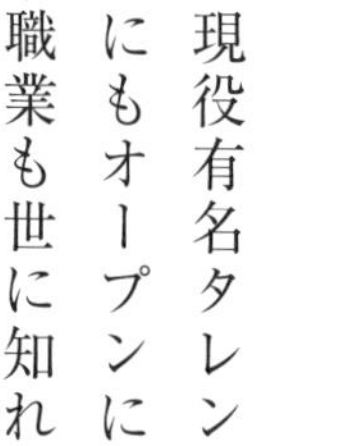

た。元より性的好奇心が強い彼女は、その男優を誘いSEXをする。「撮影でするようにして欲しい」とお願いすると、2時間以上にもわたる濃厚なカラミを施してくれ、何度ものオルガズムを与えられたという。そうして、「こんな気持ちいいSEXが毎日できるならと思い、AV女優になった」というのだ。

キャバクラや合コンの場でも話題の中心に!

これは特殊な例であるが、キャバクラや合コンの場でAV業界人だとカミングアウトすると、とりあえず会話のネタとして強い興味を持たれることは間違いない。むしろ、AV男優であることを自慢すれば、川乃のような女性をゲットできるかもしれない。しかし、素人女性とSEXする際は、必ずコンドームを使用するなど、性感染症に対して厳重な注意が必要だ。

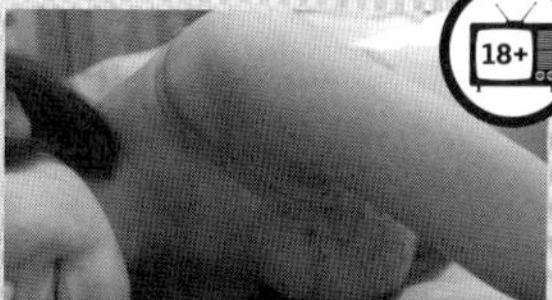

AV男優好きの一般女性

男優のイベントなどに訪れる女性ファンも多い。特にイケメンAV男優にもなると、まるで、アイドルのように扱う人もいて、事実、自身のファンだった女性と交際し、結婚にまで辿りついたAV男優も存在するらしいとか。

本来、御法度のはずなのに……AV女優と恋愛をしてゴールイン

その相手は交際OK⁉ 素人モデルと結婚した男優

「今日はどんな人とSEXしたの？」

話してくれた人
結城伸一
（仮名）
31歳

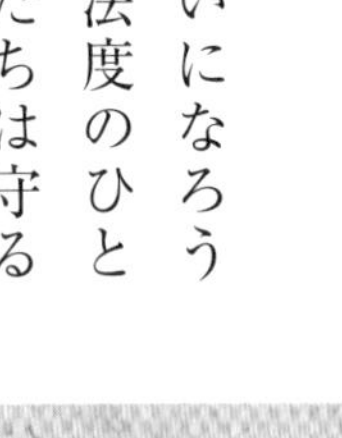

ＡＶ男優がＡＶ女優と、どんなに気が合って両想いになろうとも、プライベートで関係を持つのは避けるべき御法度のひとつ。女優が所属するプロダクションにとって、彼女たちは守るべき大切な存在であり、男優と女優が恋人関係になった果てに傷つけられでもしたら、非常にマズい事態（傷心して引退してしまうなど）を引き起こしてしまうからだ。

だが、男優と女優による恋愛話がまったくないわけではない。最近はすっかり見なくなってしまったが、10年ほど前まで

は、「素人モデル」といわれる、プロダクションに所属していない女優がいて、彼女たちは日雇いのアルバイト的存在であった。結城伸一はそんな素人モデルの女性と恋人関係になり、5年の交際期間を経て結婚にまで辿り着いた男優だ。

出演経験者同士の理解ある結婚生活

妻は、夫の仕事を出会った当初からわかっているわけで、今でも非常に理解があるという。むしろ、AVに強い興味があり、撮影から帰ってくる夫に、「今日はどんな女優さんとSEXしたの？」と目を輝かせて聞いてくるらしい。これはかなり稀有な例だが、AV撮影現場が出会いの場として機能したという事実は、男女関係に厳しいAV業界人にとってみると、なんとも微笑ましいエピソードだといえるだろう。

プロではないAV女優

かつては、プロダクションに所属せず、AVメーカーへ直接出演を申し出る女性もたくさんいた。彼女たちは日雇いでギャラをもらい、基本的に顔出しNGで、芸名もないままに、完全な素人として出演することが多かった。

本物の夫婦が、自らの性生活をあけすけに披露し、カメラの前でハッスル！

半年に1度のペースで……AV出演する老年夫婦たち

「今や、私たちの生きがいです」

話してくれた人
大橋夫妻
（仮名）
共に65歳

近年、一部の熟年ＡＶファン層から絶大な指示を受けて話題となっているのが、「老年夫婦の性生活モノ」である。それらの作品に登場するのは、本物のご夫婦たちだ。石川県在住で、撮影の日は２人で上京するという大橋幹夫・芳江夫妻（仮名・共に65）はこう語る。

「夫婦生活はずっと淡泊でした。ひとり息子を授かったとき以来、ＳＥＸもほとんどなく……。そんなある日、妻の友人が、50代後半の年齢でありながらＡＶに出演しているという話を聞

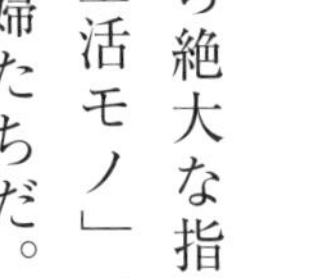

いて。彼女はそれを隠すわけでもなく、非常に楽しい仕事だと笑顔でしゃべるものだから、私たちも興味が湧いたんですよ」

良好な夫婦関係を築くための手段として……

その友人の紹介でAVメーカーに赴き、撮影現場を見学させてもらった。そこには、いい作品を作ろうと努力を重ねるスタッフたちの姿があり、感銘を受けたという。その場で、監督に出演したいという旨を伝えると、翌週には、「倦怠期の夫婦が正しいSEXにより幸せな関係を築くまで」という趣旨の作品に出演した。それは、大橋夫妻の現状と悩みを投影したような内容であり、実生活でもとても参考になったという。

以来、「こんな作品はどうか」と夫婦で企画を作り、メーカーに提案することが生きがいになったらしい。2人は、半年に1本ほどのペースで、いまだにAV出演を続けている。

AV出演する本物夫婦

「妻がAV男優とSEXしているところを観たい」などといった、夫の願望のために、揃ってAVに出演する夫婦もいる。生々しいリアルな性行為が売りになるそれらの作品は、昔から人気の鉄板ジャンルのひとつともいえる。

休日もほぼなく毎日深夜に帰宅！ それでも家庭環境を良好に保つ秘訣とは

妻子持ちのAV男優が提唱「家庭と仕事の両立術」

「家族で朝ごはんを食べること」

話してくれた人

窓家真義

（仮名）

37歳

「どんなに遅くなろうとも、必ず家に帰り、家族で朝ごはんを食べています」

人気男優・窓家真義は、20歳のときにAV業界に足を踏み入れ、17年ものキャリアを誇るベテラン男優だ。妻は、同じ年で大学時代の同級生。子どもは息子が1人。結婚して14年となる現在も、家族関係は非常に良好だという。しかし、AV男優という仕事を辞めて欲しいと、妻に言われたこともある。理由は、夫が知らない女性とSEXするからというわけではなく、あま

り家に帰ってこないことが不満だったからだそうだ。人気男優ともなれば休みはほとんどなく、家に帰る機会は減ってしまうもの。窓家は、とにかく収入さえあればいいとがむしゃらに働いていたが、ある日、5日ぶりに家に帰ると、妻に突然「寂しかった」と泣きつかれた。それ以来、宿泊の仕事は断り、どんなに遅くとも必ず毎日、家に帰るようになったという。

SEXをした後でも、団欒をもつことが大事です

無理をして仕事を入れることもなくなった。そして、夫婦関係を良好に保つことにも気を遣い、週1は必ずSEXするという。キレイなAV女優を何人抱いても、妻に対する愛情は別物だと語る窓家。夫としても男としても父としても、見習っていきたい生き方である。

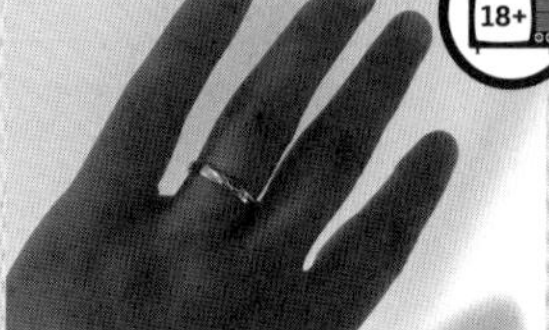

AV男優と家庭

人気男優ともなると、毎日忙しくて帰りも遅い。仕事がそのまま浮気行為ともとられかねない職業であるため、さらにほったらかしにされることが多いと、当然、離婚の危機も。愛妻家とされる男優たちの多くは、家庭を非常に大事にしている。

彼女が妊娠……出産結婚のために身を粉にして働いたAV男優

愛のために腰を振りまくり大金を稼ぎ出した2ヵ月間

「付き合いはじめの彼女が妊娠して」

話してくれた人
沖田大介
（仮名）
27歳

肩まで伸びた茶髪と、フラフラした立ち姿が印象的な沖田大介は、率直に言ってチャラ男だった。学生時代からナンパが趣味で、「面白そうだから」という単純な理由でAVメーカーに入社し、3年で退社。以降はフリーランスとして、頼まれれば男優業でもスタッフ業でも何でもやるが、「最低限、食べていければいい」と無理はしない、ユル～い性格の男だった。

そんな彼が、ある日を境に人が変わり、「仕事をください！」と片っ端から知り合いの業界人に電話をしているというウワサ

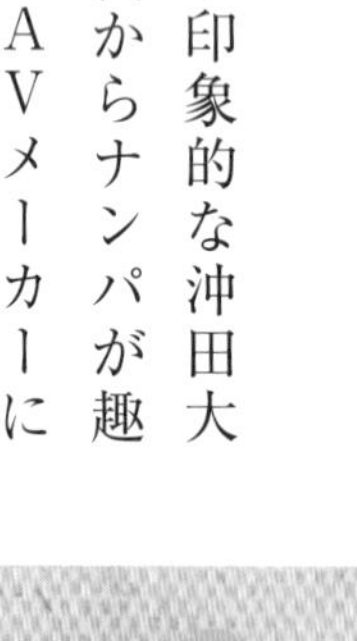

を耳にする。本人に事情を聞くと、「付き合って2週間の彼女が妊娠してしまったから」とのことで、責任を感じた彼は結婚を決意。AV男優として鬼のように働きだしたのだ。

ほぼ無一文の状態から凄まじい努力を重ねて

スケジュールはビッシリと埋めて、ギャラが安い現場でも積極的に参加し、とにかく稼ぎまくる。日に日にやつれていったが、その人相には、確固たる目標を持った男の渋みがにじみ、同性ながら「カッコイイ」と感じたものだ。

そして2ヵ月も経ったころ、ついに200万円もの大金を稼ぎだし、精魂つき果てたようにAV業界を退いた。現在は、地元でダンボール販売の営業をしながら、妻となった彼女、ひとり娘、両親と共に、落ち着いた暮らしを送っているという。

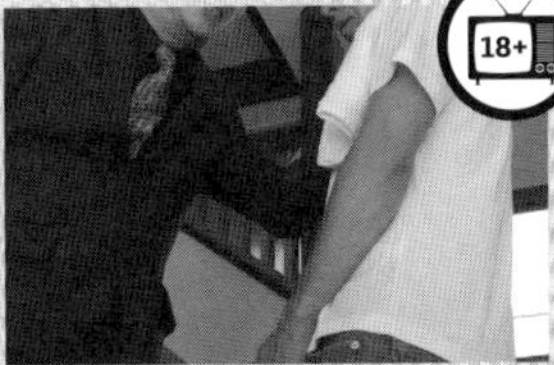

AV男優に営業力は必須

本気で「仕事が欲しい」と望めば、自分を売り込むための「営業力」が必要となる。まず、監督やプロデューサーに連絡をしまくって気に入られること。それは一般社会においての営業職が必要な能力と、なんら変わりはない。

ハメ撮りを続けるか、恋人との恋愛か!? 雄としての究極の選択

愛する人と天秤にかけた忘れられない性春時代

「AV出演をやめなければ破談に」

話してくれた人
高橋秀人
（仮名）
30歳

「私とAV、どっちをとるの！」

付き合って5年。最愛の恋人が、高橋秀人に対し、鬼のような形相で声を張り、迫ってきた。彼女とは、大手家電販売店に勤めていたときに職場で知り合った。だが、仕事を退屈と感じた彼は、昔から好きだったAVの世界へ。すぐにハメ撮り監督としての能力を開花させ、ヒットメーカーとして名を馳せることになった。

当時、前述の彼女にはAV業界に再就職したことは伝えては

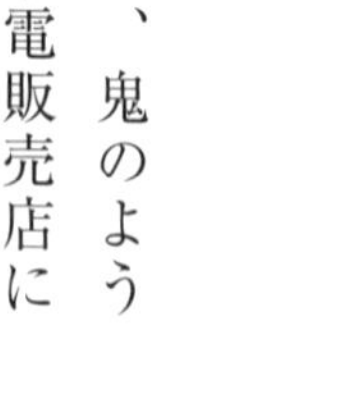

いたが、自らが出演していることは内緒にしていた。そんなある日、彼女の男友達が、高橋が制作した作品を観てしまい、出演していることがバレてしまう。「男優業は辞める」と言って彼女をなだめるが、彼は美しい女優とのSEXをあきらめきれず、内緒のままハメ撮りを続ける。再び同じ男友達経由でバレて、修羅場に陥った。

家庭を築くよりも女優とヤルことを選んだ男

「結婚も考えていましたが、『AV出演をやめなければ破談にする』と言われて……。悩んだ挙句、ハメ撮りを選びました」

そう言ってニヒルに笑う高橋。たとえ一生独身であろうとも、ハメ撮りの快感は捨てられないらしい。やはり、AVに出演するような男たちは、常人には計り知れない欲望を持っているものなのだろう。

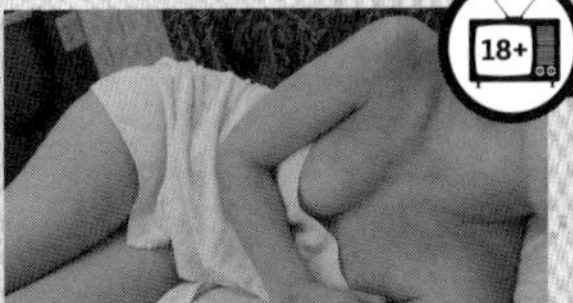

ハメ撮りの快感

女優と1対1の状況で、自らが男優になり、撮影するハメ撮り。単純に美女とSEXしている快感と、それを撮影することにより、「自分だけのものとして征服しているよう」に感じ、癖になってしまう人もいる。

ある女優に恋をした男が男優になり……ＳＥＸして夢叶える

人気ＡＶ女優にガチ惚れ
片思いののちＳＥＸ成就！

「目が、なんだか本気だったから」

話してくれた人

白井ゆず夫

（仮名）

25歳

「はじめて彼女を知ったのは、社会人１年目の夏でした」

ＡＶ男優歴３年の白井ゆず夫は、まだカラミを任されることは少ない若手男優だ。彼がＡＶ男優になったきっかけは、ある女優に恋したことだった。その彼女は、可憐なルックスながら、ＮＧプレイはなしの本格派で、20代前半の年齢にして、すでに１００本以上の出演本数を数える人気女優。仕事がうまくいかなかった会社員時代、気晴らしにレンタルしたＤＶＤの中で、とてもハードな行為を笑顔でこなす姿に元気づけられて以来、

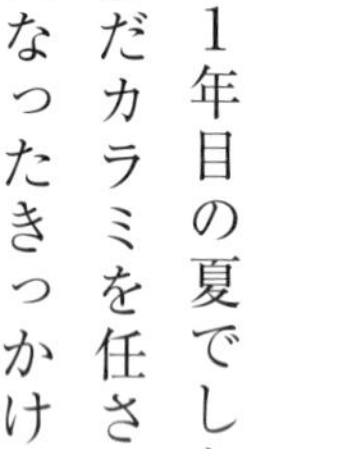

彼女のことばかりを考えるようになったという。ついには仕事を辞め、男優の道に入ると、意外にも早くその機会は訪れた。

社会人時代、画面越しに励ましてくれた憧れの彼女

それは、彼女1人に対して男優が21人もいる、いわゆる「ぶっかけ作品」の現場だった。白井は汁男優のうちの1人だったが、ハメ役の男優が急遽、体調を崩して現場をあとにしてしまう。監督が、女優にSEXをしてもいい男優を選ばせると、なんと白井が指名された。「私を見る目が、なんだか本気だったから」とのことで、その言葉を聞いた白井は感涙。しかし、緊張とうれしさのあまり舞いあがり、SEXシーンでは挿入した瞬間に射精してしまったという。もちろん、尺はほとんど撮れず、監督からキツいお灸を据えられてしまったらしい……。

AV女優への恋心

最近はイベントなどで、AV女優に直接会える機会も多い。実際に会うと、本気で恋をしてしまう人も多いのだとか。白井のような例は稀であるが、憧れのAV女優とのSEXを目指して男優の道に入るのもあり?

顔を合わせた瞬間によみがえる、甘酸っぱい思い出……

初恋の人と現場で再会！男優と女優としてSEX

「初恋の人と……同じ名前だ！」

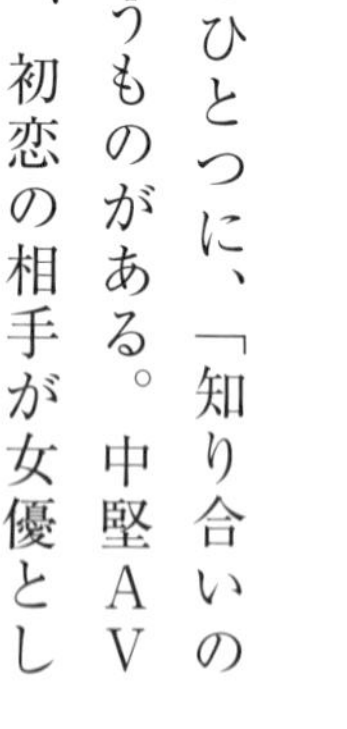

話してくれた人
佐々木歩
（仮名）
35歳

ＡＶ業界人同士で、よく話すことのひとつに、「知り合いの女性がＡＶ女優にいるかどうか」というものがある。中堅ＡＶ男優の佐々木歩が実際に体験したのが、初恋の相手が女優としてやってきた、という奇跡のような話だ。

「男優と女優はカラミシーンを撮影する前に、性病検査を受けた診断書を見せ合うんですよ。そこに書かれていた彼女の本名が、僕の初恋の人と同じで……」

思わず、「初恋の人と同じ名前だ！」と言ってしまうと、その女優は彼を見て、みるみる表情が青ざめていったという。

いったん進行停止してしまった撮影現場

AV女優にとってもっとも気にすることのひとつが、親族などに身バレしないようにすること。それなのに、よりにもよって同郷の知り合いが、カラミ相手の男優としてやって来たのだ。彼女は、控室にこもってしまい、監督からは「余計なことをしてくれたな」と叱責されたが、恋をしていたのは20年近くも前のことであり、パッと見ただけでは本人と気づかなかったのだ。

そのまま撮影は終了してしまうと思ったが、10分ほどして彼女は控室から現れた。すると、佐々木にこう告げたという。

「私がAVをやってること、絶対にバラさないって約束して」

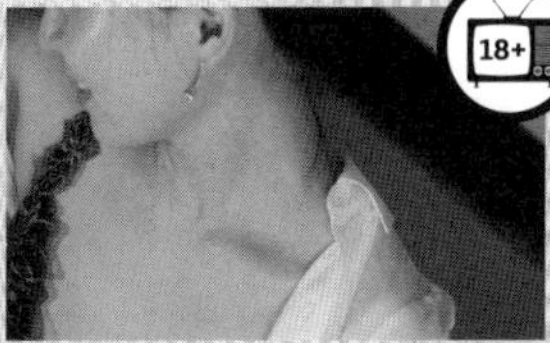

知り合いが同じ撮影現場に

私も同級生の女性と、監督と女優として現場で会った経験が1度だけある。それは同じ高校に通っていた人で、クラスは別だったために面識はなし。だが、同級生というだけで相当の興奮を覚えたものだ。

涙目にも見えたその表情は、彼女のお願いが真剣であることを裏付けていた。「もちろん誰にも言わない」と佐々木は了承し、改めてカラミシーンの撮影が開始される。

奇跡かまぼろしか……中学時代に憧れていた先輩と

「約束うんぬんの会話があったせいで、彼女が本当に僕の初恋の人、という事実が確定したわけで。憧れの人とSEXができると思ったら、もの凄い興奮に襲われました」

カメラが回った瞬間からペニスは最高に膨張して、痛いくらいだったという。彼女もあくまで「女優として」カラミを行なっていることはわかっていたが、それでも思いの丈を抑えられなかった。男優人生最高の量の精液を、監督の指示を無視して彼女の顔に発射した。そのときに得たのは、何物にも代えがたい高揚感と快楽だったとのことだ……。

CHECK WORDS【身バレ】Background Detection

◎AVが裸の職業である以上、いまだ偏見の目にさらされてしまうのは仕方ないところ。現在は、インターネットが普及したために、デビューしたあとに、身バレする可能性は高くなってしまっている。

第6発目

人としても尊敬できる!?

AV男優たちの〝深イイ話〟

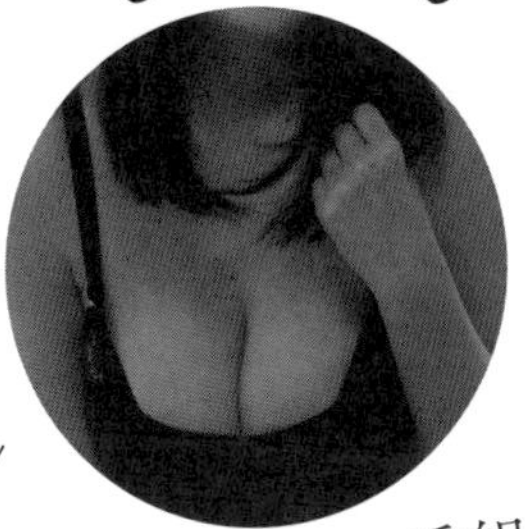

ドキュメンタリー番組からの
オファー待ってます。

これまでとはうって変わって、この章では、
思わず、誰もがリスペクトしてしまうほどの、
驚くべき「人格者（？）」たちのエピソードをクローズアップ！
祖父との２人暮らしを支える好青年や、
悩み相談所のような兄貴肌の男優まで、
涙と笑いなくしては語れない、深イイ話をご堪能ください！

育ててくれた恩を返すため……努力の果てに人気男優に

祖父との2人暮らしを支え続ける好青年男優

「今こそ、僕が恩返しをしないと」

両親の記憶はまったくないという。物心がついたときには、家族は祖父1人だけだった。彼の名前は、小林良仁。高身長でも、威圧感のまったくないさわやかなルックスで、物腰はやわらかく、非常にモテそうだ。恥じらいの笑顔を浮かべながら、実際に言い寄ってくる女性も少なくないと話す。

「最近は、AV男優をやっていることに、興味を示してくれる女性も多くて、ツイッターを介して交際を申し込まれることもあります」

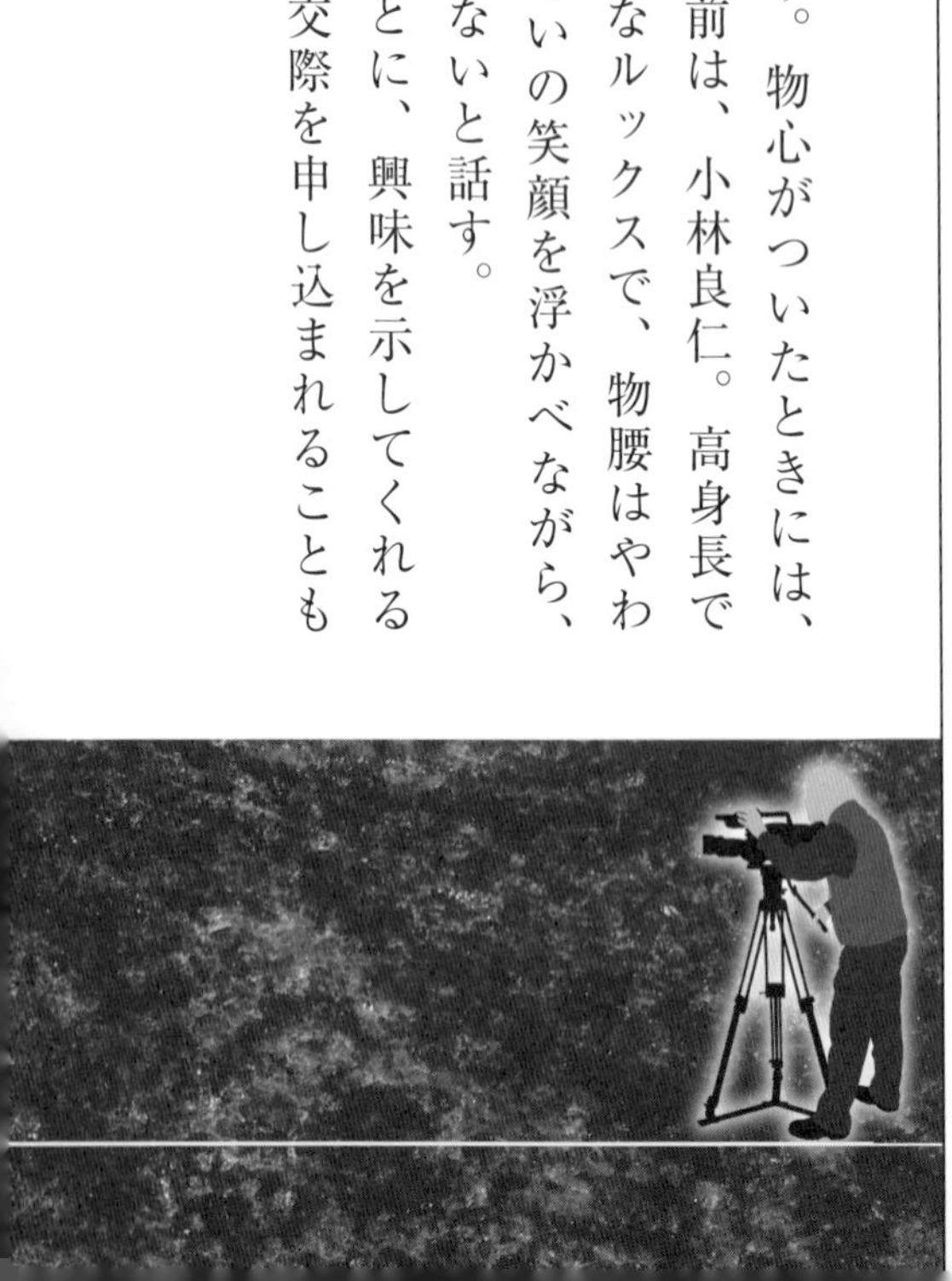

話してくれた人

小林良仁
（仮名）
28歳

それでも現在、恋人を作る気は特にないが、確固たる理由がある。2人暮らしをしている祖父の介護と仕事との両立のために、かなりの忙しさであるからだ。

祖父の入院費をまかなうためにAV男優の道へ

大学を卒業後、一般企業に就職する小林だが、その直後に祖父がからだを壊して入院。給料が安かったため、治療費がかさむと生活は困窮してしまった。そんなときに、AV男優をしていた友人に誘われ、アルバイト感覚で男優業をはじめる。思いのほか、性に合い、才能もあったのだろう。みるみる頭角を現し、男優としての収入が増えると会社を辞め、今では人気男優の仲間入りを果たし、収入もそれなりに高くなった。

祖父は退院できたが、それまで苦労をかけたので、隠居して

生活のためにAV男優へ

出演することのみを条件に、ギャラをもらえる女優であれば、借金の返済のためなどにAV業界へ入る人もいるだろうが、男優のギャラは実力により、大きな幅があるため、金のために業界入りする人はほとんどいない。

もらい、生活のすべてを小林が支えている。職業を隠している ため、心配される毎日だが、のんびりとした暮らしを送れてい る祖父を見るとうれしい気持ちでいっぱいになるという。最近 は休日になると、2人で釣りにいくのが楽しみで、相模湖での バス釣りに凝っているという。

「ずっと男手ひとつで僕を育ててくれて、無理をして大学にも 通わせてくれたのがお爺ちゃんなんです。だから、からだを悪 くしてしまった今、僕が恩返しをしないと。裕福な暮らしも送っ て欲しいけれど、心配もかけたくないから、最近は無理して仕 事を受けることは避けるようにしています」

今の願いは、祖父にひ孫を見せること

生き別れたのだろう両親のことを、詳しく聞こうとしたこと

もあったが、その話になると、辛そうな顔を見せるため、気にするのはやめた。それよりも、祖父ももうすぐ80歳。これからは、できるだけ一緒の時間を増やしていきたいという。今はまだ忙しいが、そのうちに恋人も作って、結婚し、ひ孫も見せてやりたい。彼の夢や目標のほとんどは、祖父に関してのものばかりだ。

「もしかしたら、僕の仕事のこともなんとなく、気づいているんじゃないかと思うときもあります。何かにつけて、『栄養をちゃんととれ』とか『体力をつけろ』と言われるものですから(笑)。まぁ、社会人だったら誰でも言われることかもしれませんけれど」

AV男優だからというわけではなく、これほど家族思いで誠実な若者は、なかなかいない。ぜひ、彼にはお爺さんと、幸せな人生を送ってほしいものだと願う。

CHECK WORDS 【男優の趣味】Actor's Hobby

AV男優だって、撮影がなければ普通の人。当然、各人によりさまざまな趣味を持っているが、AV業界人にわりと多いのが「釣り」。AV男優たちの忍耐強さは、待つことが多い釣りとの共通点も多い?

本職は「照明技師」なのに、いつの間にか裸になっている!

技術仕事から出演まで……1人で何役もこなす超人男

「あと3分でイクから待っとけ!」

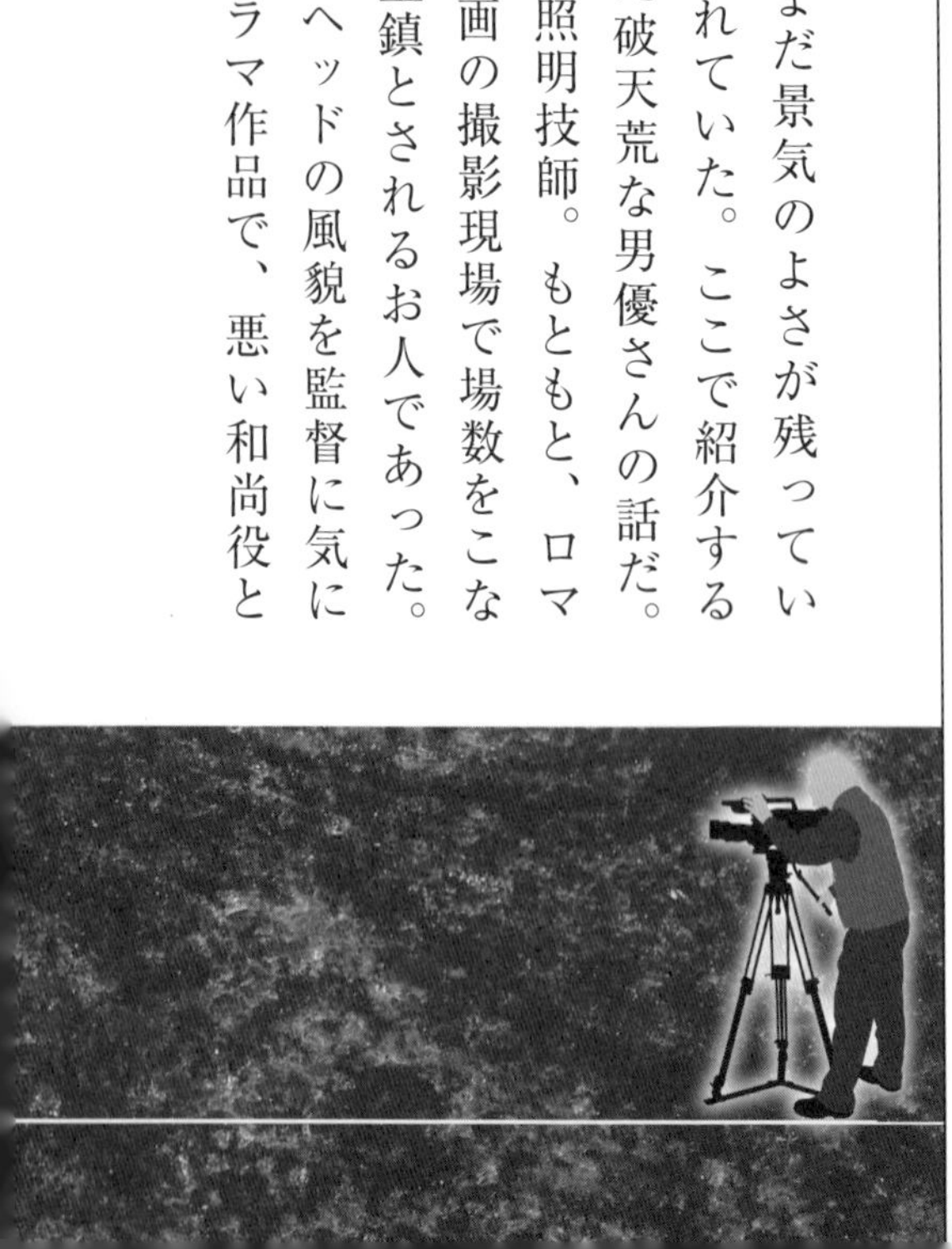

話してくれた人
菊原丈二
（仮名）
55歳

私がAV業界に入ったころは、まだ景気のよさが残っていて、予算の大きな作品が何本も作られていた。ここで紹介するのは、そんな時代に現場で出会った破天荒な男優さんの話だ。その人は、菊原丈二と言い、本職は照明技師。もともと、ロマンポルノ全盛の時代に、各ピンク映画の撮影現場で場数をこなした本物の技術者で、業界内では重鎮とされるお人であった。だが、AVの撮影現場では、スキンヘッドの風貌を監督に気に入られ、尼僧が輪姦されるようなドラマ作品で、悪い和尚役として活躍。本職がスタッフ側とは思えないほどの勃起力で女優をハメまくり、自分で立てた照明に照らされながら射精をキメる姿は、圧巻の一言であった。

その振る舞いは超破天荒！ いたるところでSEX

さらに、撮影の合間には、女優と一緒に風呂に入り、カメラが回っていないところでＳＥＸをしてしまう始末。ＡＤをしていた私が呼びにいくと、「あと3分でイクから待っとけ！」と怒鳴られることもしばしばであった。

ほんの15年前のころには、破天荒で面白い男優が大勢いたものだ。ＡＶ業界にもさまざまなコンプライアンスが存在するようになった現在、菊原のような男優が、非常に懐かしく思え、ときに寂しくなるのは、私だけではないだろう。

勝手に女優とヤル男優

菊原が勝手にハメた女優はフリーランスの人だったため、おとがめがあったわけではないが、本来なら絶対にしてはいけない御法度である！ それをお構いなしに、ことに及んでしまうのだから、まったくもって恐ろしい。

先輩が行なっていた習慣を見習い、気遣い続けた男優人生

全員の好物を差し入れ とっても気が利く粋な男優

「この先、需要があるタイプだよ」

話してくれた人
大山さとる
（仮名）
37歳

　撮影に来る際は、必ずスタッフたち全員に差し入れをする男優がいる。大山さとるだ。かつては、建設会社で作業員をしていた彼は、現場仕事があるたびに、その当時の上司が皆の好物を差し入れしていたことに感銘を受け、ＡＶ男優となった今、その習慣を引き継いでいる。スタッフの好物をあらかじめ把握し、ある人にはタバコ、ある人には清涼飲料水、ある人には菓子と、毎回の差し入れを欠かさない。そういった気遣いだけでなく、肝心のカラミもばっちりこなせる大山は、１本のギャラ

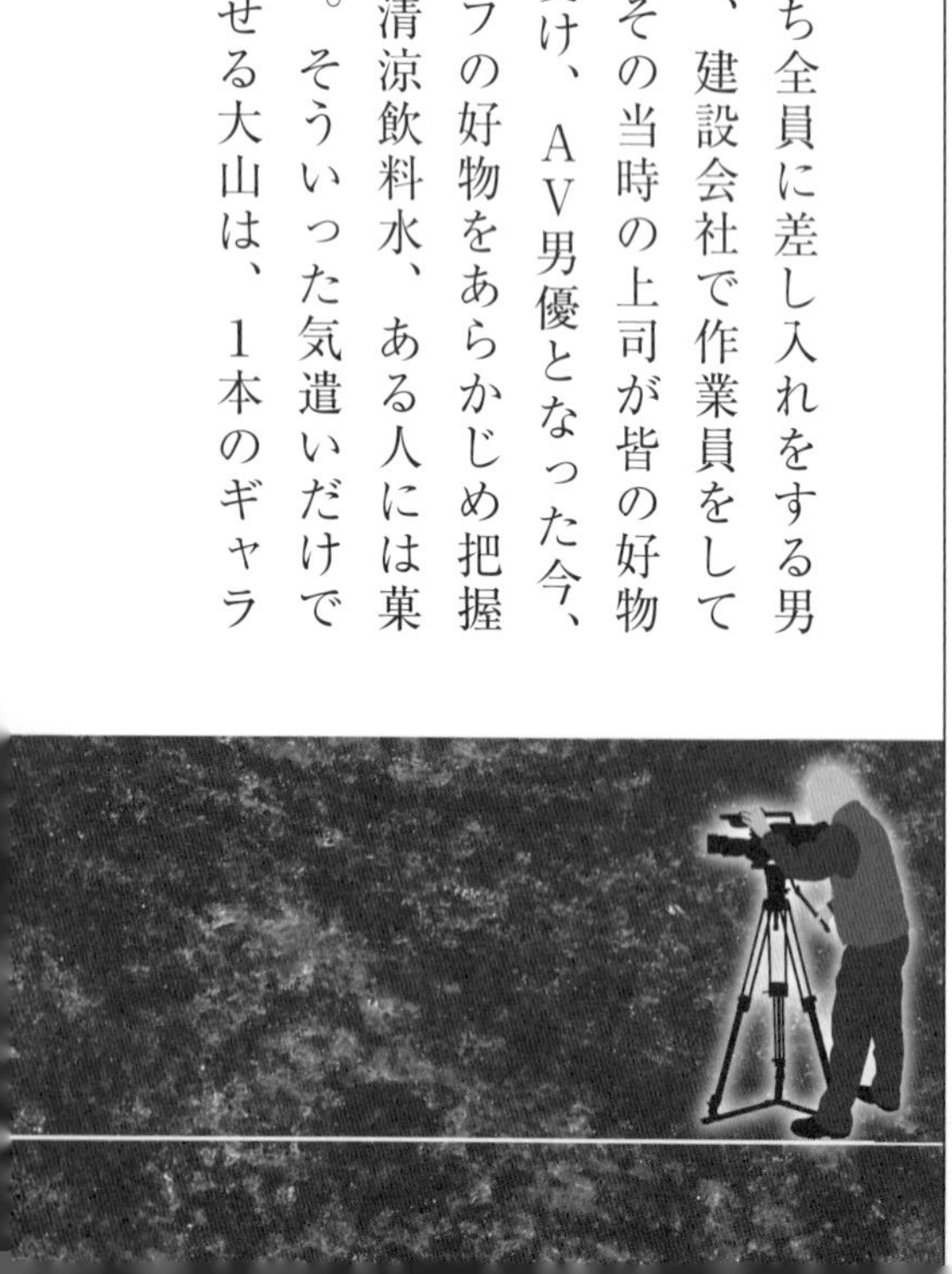

が3万円の売れっコ男優だ。彼を重宝する監督はこう語る。

「とにかく人を見ていて、他人の気持ちを考える男だよね。彼のようなタイプは、この先、需要があると思うよ」

まさに粋！ 人を見る能力に長けたベテラン

一芸に秀でた個性的な男優も増え、作品によって集められる人材にも偏りが出てきている。ただ、そういった撮影現場において、ひとクセもふたクセもある男たちを、まとめる役が要るので、大山のように人を見て、気を利かせることができる男優が必要になってくるというわけだ。大山は自分のことを、「特に売りがなくて、存在感のない男優」と謙虚に話す。そして、出番が終われば、進行の邪魔にならないように、そそくさと姿を消す。いかにも粋な仕事っぷりではないだろうか。

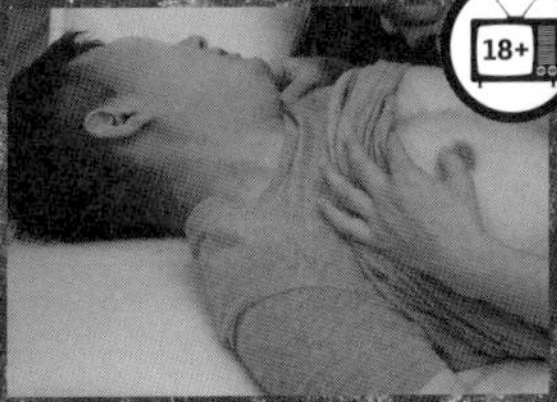

一芸に秀でた男優

たとえば汁男優の中には、一発で女優の顔面を埋め尽くすほどの射精量を誇る人がいたり、ドラマ作品で重宝される役者並みに芝居がうまい人など、個性的な作品に欠かせないのが、一芸に秀でた男優たちである。

辛いときも病めるときも……支え合った美しき夫婦の物語

美人AV女優より妻が好き 妻一筋の有名愛妻家男優

「夫婦円満のコツは、SEXですね」

話してくれた人
竹内ジャン
（仮名）
57歳

AV男優の仕事をしていることを、彼女や妻に内緒にしている人は多いが、元AVメーカーのプロデューサーを経て、50歳を過ぎてからデビューした竹内ジャンは、奥さん公認の熟年AV男優だ。彼はこの不況のあおりを受け、地位ある立場であったのにリストラに遭ってしまい、AV男優に転向した。本当は監督になりたかったが、奥さんに相談したところ、「男優になったら」と進言されたらしい。竹内と奥さんは、現在の歳になっても定期的に夜の生活を続けている。その際の竹内の精力とテ

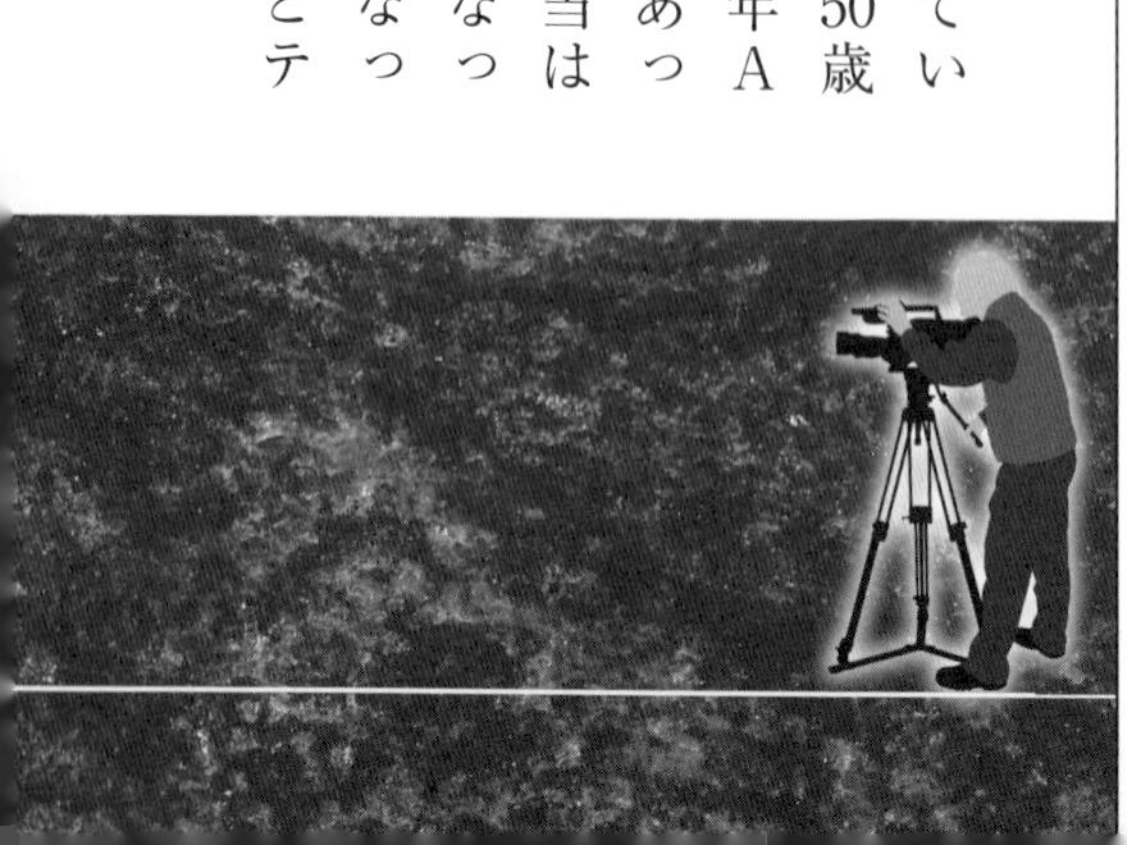

クニックはかなりのものらしく、入念な愛撫から、挿入しても最低10分はピストンする。そんな夫だからこそ、AV男優になれると思ったのが、ほかならぬ奥さんだった。

現場に愛妻弁当持参……月の記念日にはプレゼント

毎月、結婚記念日と同じ日付けには、ささやかなプレゼントをし合うほど、心から愛し合っている竹内夫婦。愛妻弁当を食べながら、竹内は奥さんについて、うれしそうに語った。

「どんなにキレイな女優さんでも、やっぱりかみさんには敵わないよ。夫婦円満のコツは、なんといっても本気で愛し合い、SEXを欠かさないことだね」

竹内のように、いつまでも1人の女性を大事にできる男になりたいものだ。

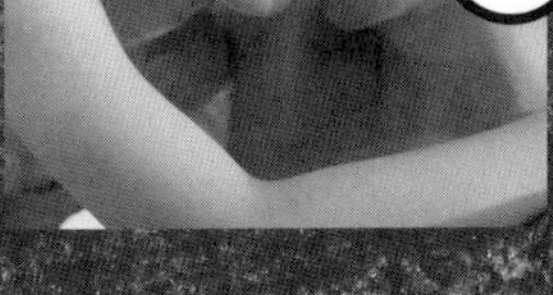

SEXが上手い男優の共通点

妻や恋人と、常日ごろから触れあっている男優は、SEXがうまい傾向にある。単純なテクニックだけではなく、相手を1人の女性として、受け止める度量が育っているというわけだ。心あるカラミを見せる人は、妻帯者である場合が多いかも。

困っている後輩がいたら放っておけない……優しき先輩

おごってくれて悩み相談も 若手に慕われる兄貴肌男優

「こちらから歩み寄ってあげないと」

話してくれた人
川辺卓郎
（仮名）
40歳

川辺卓郎は、デビューしたての新人男優や、伸び悩んでいる若手男優たちから慕われている、兄貴肌のベテラン男優だ。彼は、現場で一緒になった後輩が監督から怒られたりすると、帰りに食事に誘い、悩みや愚痴を聞く。なぜそんなことをするのかというと、それは、自分がまだ新人だったころに、先輩男優が、よくしてくれた思い出があるからだという。

撮影現場で求められる要素は、監督によって千差万別だ。だから、場数を踏むことが非常に重要となってくる職業なわけだ

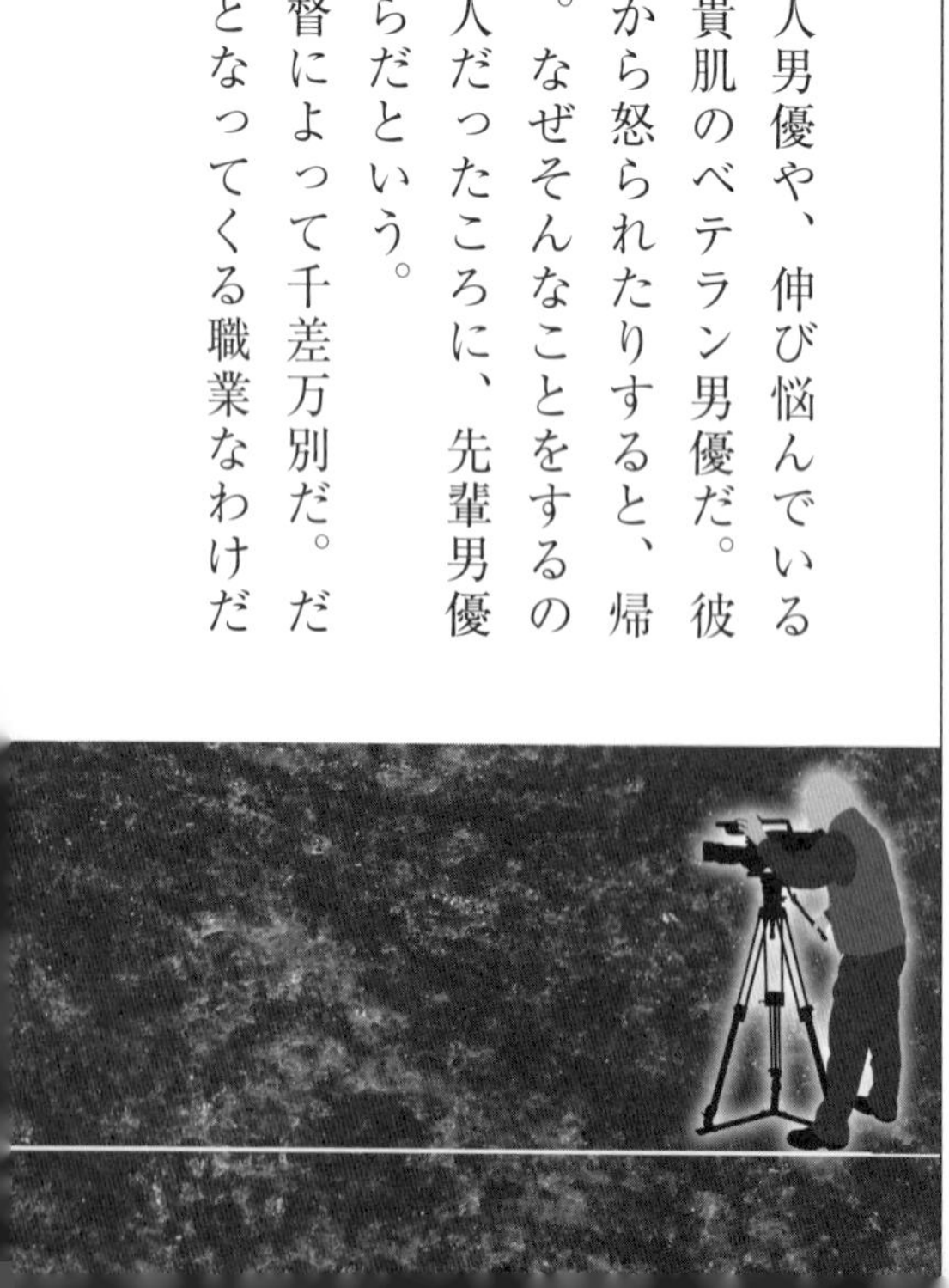

が、逆にいえば、経験が浅いうちは、撮影のたびに監督から怒られたりするということ。それに耐えられず早々に引退してしまう人も少なくない。

尊敬に値する……上司にしたいAV男優No.1

そんな厳しい業界において、若手の心の支えになるのが、川辺のような相談役となりうる先輩だ。川辺は、最近の新人男優たちについて、こう語る。

「今の子たちは、悩みがあっても、自発的に相談する癖がついてない。こちらから歩み寄ってあげないとダメなんですよ」

ＡＶ制作において、重要な役割を果たすＡＶ男優。貴重な原石である新人たちを、少しでも育てられたらうれしいという。

若手ＡＶ男優たちの悩み

もともと、個人の努力によってのし上がっていくという側面が強いＡＶ男優という職業だが、誰にでも師匠的存在はいるものだ。どんな業界でも同じかもしれないが、頼れる先輩を見つけることも非常に大事といえる。

なぜ、そんな音を発声する!? スタッフが笑って現場が混乱状態

まるで歌舞伎役者のよう？ イキ声が唸るおもしろ男優

「いよぉお〜ッ！　いよぉおおッ!!」

話してくれた人
森永さだいち
（仮名）
27歳

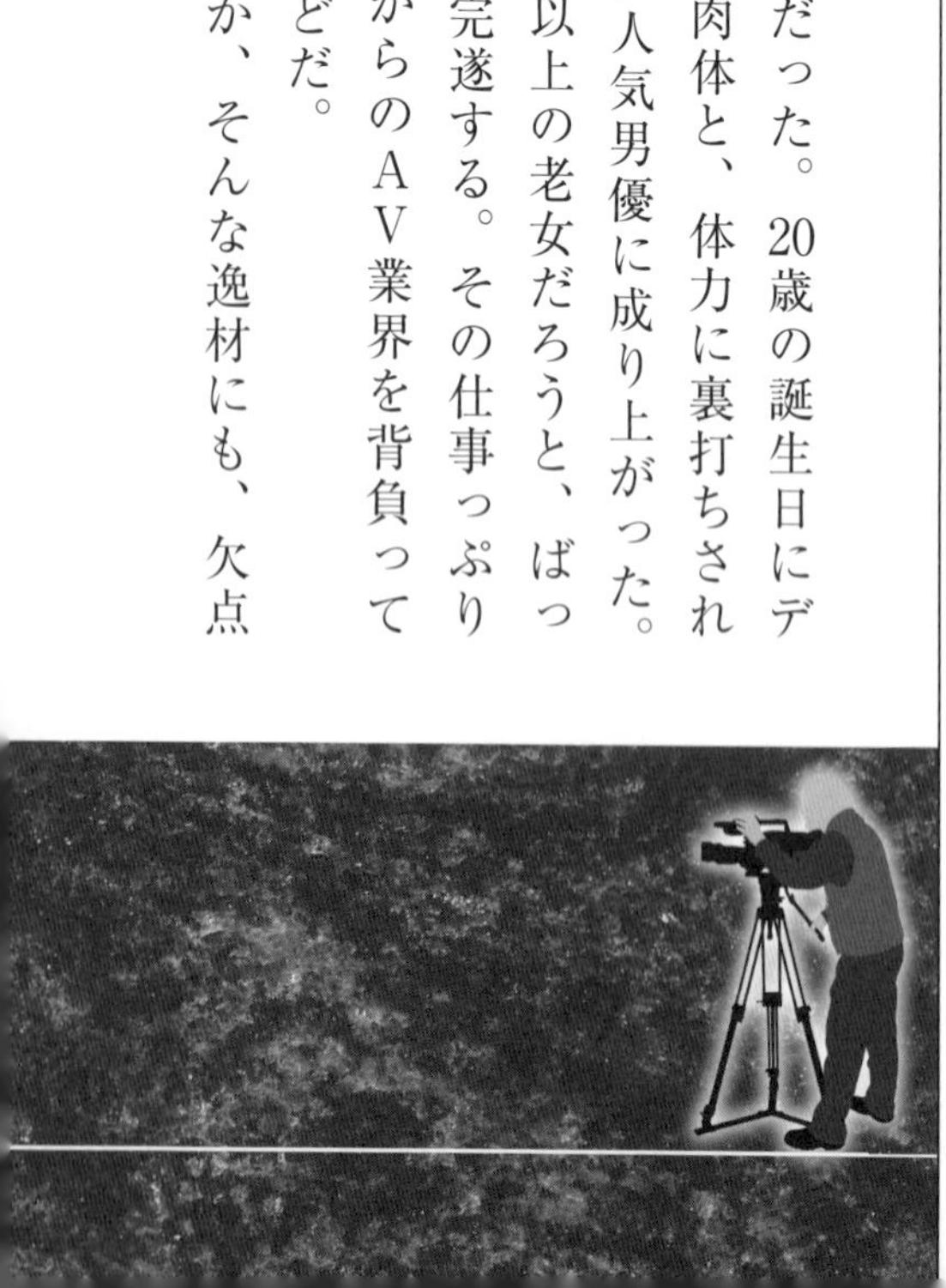

森永さだいちは、非常に妙な男優だった。20歳の誕生日にデビューし、野球で鍛えた筋骨隆々の肉体と、体力に裏打ちされた勃起力を武器に、あっという間に人気男優に成り上がった。相手の女優がマグロだろうと、還暦以上の老女だろうと、ばっちりと勃起して挿入し、射精までを完遂する。その仕事っぷりはまさにマシーンのようで、「これからのAV業界を背負って立つ若手」とまで言う監督もいたほどだ。

だが、天は二物を与えないというか、そんな逸材にも、欠点

になりうる弱点があった。彼は、射精する30秒ほど前から、「いよぉ～ッ! いよぉぉ～ッ! いよぉおおッ!!」という、まるで歌舞伎役者のかけ声のような奇声を上げる癖があったのだ。

どこから聞こえる声なのか……現場はパニック状態

その現状により起こる1番の問題は、彼が射精する際に、スタッフたちが我慢できず笑ってしまうこと。それまでマシーンのように淡々とカラミを進めておきながら、いきなりフィニッシュ時に奇声を上げられるのだから、無理はない。

そんなわけで、多くの現場で注意を受け続けたのだろう。最近の彼は、それを改善することに成功した。だが、いまだ彼の射精シーンになると、すりこみで笑ってしまうスタッフもいるのが、困りどころである。

おもしろおかしなAV男優たち

森永のほかにも、興奮すると全身の肌が燃えるように赤くなる男優や、ペニスを足で踏まれると、すぐに射精してしまう男優、汗が大量すぎて、巨大なアメーバのようになる男優など、超個性的といえる特徴を持つ者が大勢いる。

自分の祖母のような年齢のお婆ちゃんを相手にして……

AVのSEXにも愛情必須 それさえあれば無敵に!?

「お婆ちゃんとSEXしていいのか」

話してくれた人

木村ひろゆき

（著者）

35歳

私が所属していた会社は、「50歳以下は撮影しない」という熟女メーカーだった。入社したてのころにお相手をした、黒田道子（仮名・当時65歳）という女優さんは、AVファンの恋人から勧められて出演した人で、その恋人というのは、黒田さんがパートをしているラーメン屋の老店主。60歳のときから付き合いはじめ、性の〝いろは〟を教わったという。

「還暦を過ぎて、はじめて女の喜びを知ったんです」

まるで、初体験したばかりの女学生のような表情で、そう語っ

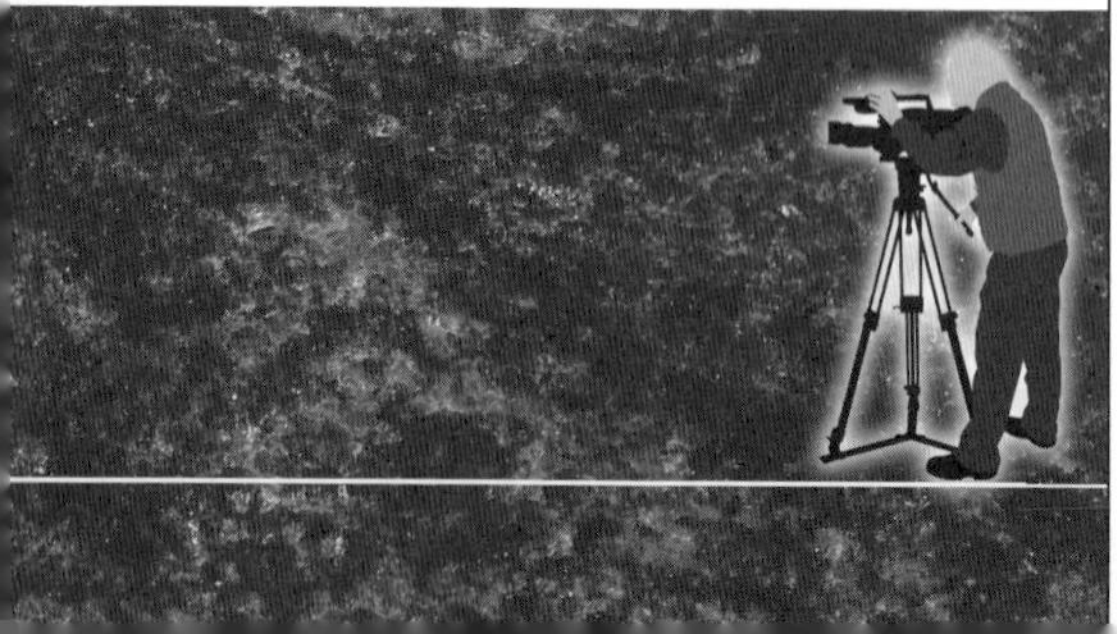

ていた黒田さん。だが、当時、まだ22歳だった私は、「自分のお婆ちゃんほどの年齢の人とSEXをしていいのだろうか」といった問答が心に起きてしまう。

会得した究極のテク……妄想で女優を愛する!?

頭をフル回転し、どうしたら勃起できるかを考えた。そして、彼女の恋人であるラーメン屋の老店主になりきるという妄想的手段にたどり着く。すると、目の前のお婆ちゃんが可愛らしく見え、挿入したいという欲望が湧きあがった。しっかりとハメて射精まで完遂した。

以来、愛情をもって接すれば、誰に対しても勃起し、SEXできるように。しかし、どんな女優でも本気で愛する癖がついて、常に興奮状態のため、早漏気味になってしまったのだった。

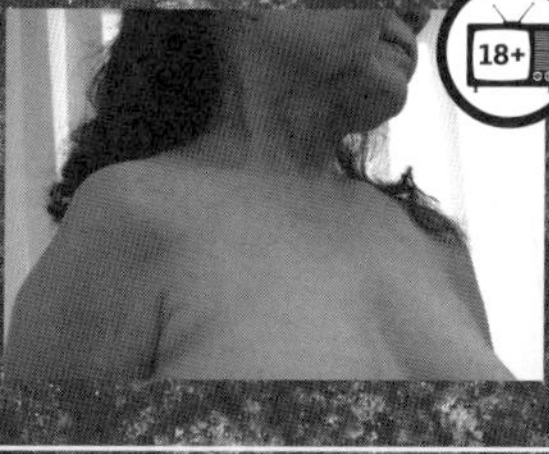

AV界の高齢女優

50代くらいの女優はザラにおり、確認されているの最高年齢のＡＶ女優は、なんと80歳。老女系AVのファンもまた、同じくらいの年齢層であり、高齢化社会の日本において、やはりＡＶ業界にも、その波は押し寄せているように思う。

人生のどん底にいたとき、ＡＶ男優に憧れて……若者再生物語

引き籠りがＡＶ男優に……社会復帰を見事に果たす！

「すべてを失った、と思いました」

話してくれた人
岡田雄介
（仮名）
27歳

岡田雄介は、経歴2年の若手男優だ。もともと、ＡＤとして業界に入ったが、そのうち監督から気に入られ、主役男優の友人など、エキストラ役として出演するようになった。やがて汁男優、フェラ男優になり、気がつくとカラミも行なうようになっていた。今では、フリーランスとして、月に10本ほどの撮影をこなしている。

彼はかつて、引き籠りだった。2度の大学受験に失敗し、浪人生活を続けていたが、鬱病になってしまい、1歩も外に出ら

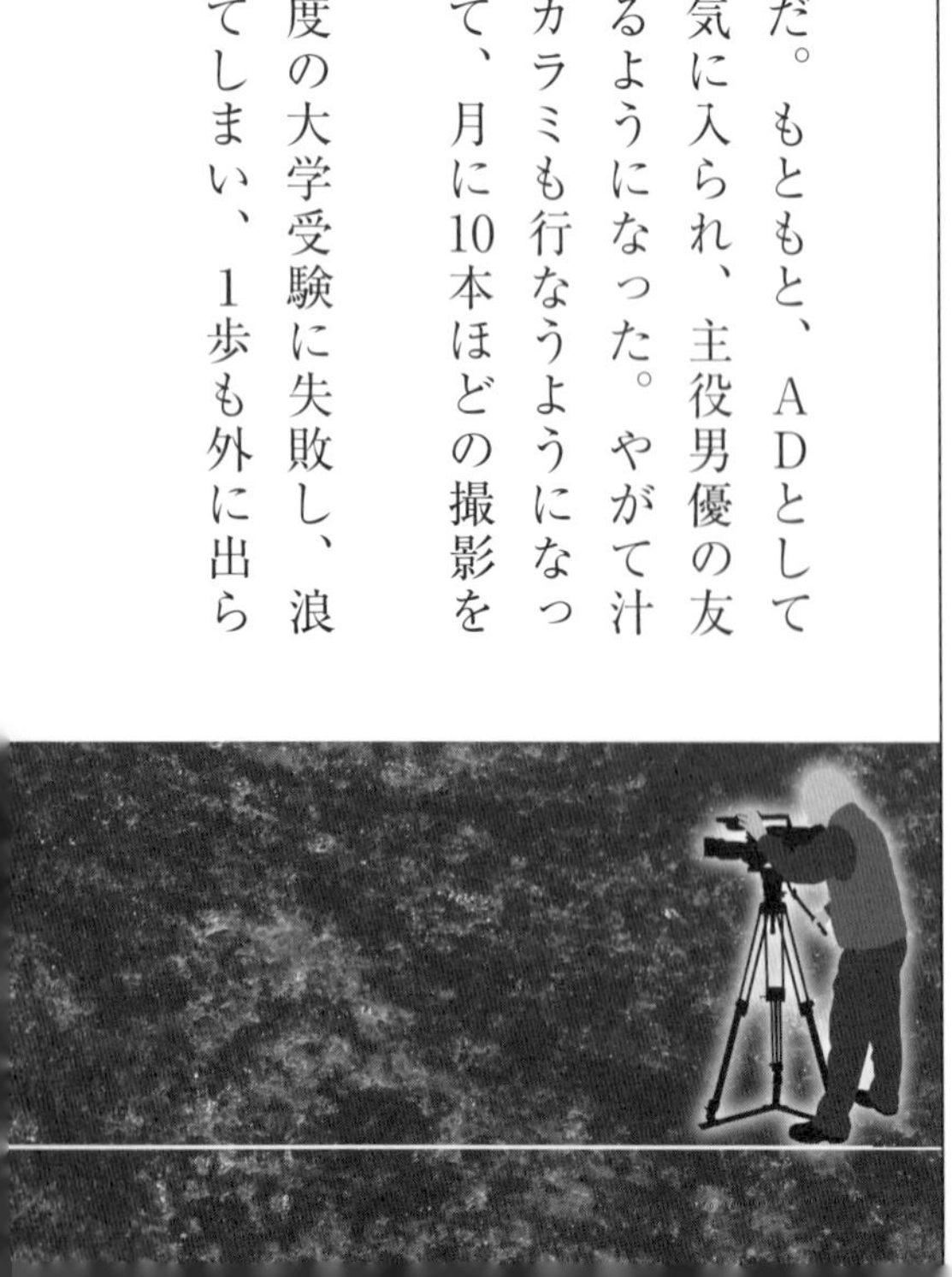

れなくなり、やがて親からも「好きにしたらいい」と見放され、すべてを失ったと、絶望した。

友人から勧められ……人気男優に成り上がる

そんなとき、AV制作の仕事をしていた友人に誘われて、外に出るきっかけとして撮影現場に赴いた。

「裸一貫で仕事をする男優さんや女優さんを見て、からだがあれば、こんなにも強く生きることができると感動したんです」

彼はそのまま業界入り。いきなり、引き籠りからAVスタッフになった。正直な性格の彼は、親にもAV男優をしていることをカミングアウトしている。明るく毎日を過ごす彼を見て、1度は見放していた親も、「からだに気をつけて頑張れ」とエールを送ってくれているという。

AV男優の過去

彼らにもそれぞれの過去がある。サラリーマンやフリーターを経て男優になる者、大学生時代にアルバイト感覚ではじめて、そのまま男優として社会に出る者、役者から転向する者など、本当に千差万別なのである。

見事なフォロー!! 暴君たちをまとめる「司令塔」的存在

気遣いが素晴らしすぎる! サポートに長けた黒子男優

「周りの人たちの性格を考慮して」

話してくれた人
滝本清志
（仮名）
40歳

1人の美女を、下品な男たちが大勢でハメまくるような陵辱輪姦作品。美しいものがドロドロに汚される姿を見て、嗜虐心を満たすことができるので、ちょっとSッ気があるようなファンからは絶大な支持を受けている人気ジャンルだ。

そんな作品の撮影現場には、体力と性欲が強く、勢いに任せたカラミが得意な男優が呼ばれる。彼らはもともと、「美女とSEXをしたいから」と、ストレートな欲望を持って業界入りした場合が多く、とにかくパワフル。多少の悪条件など意に介

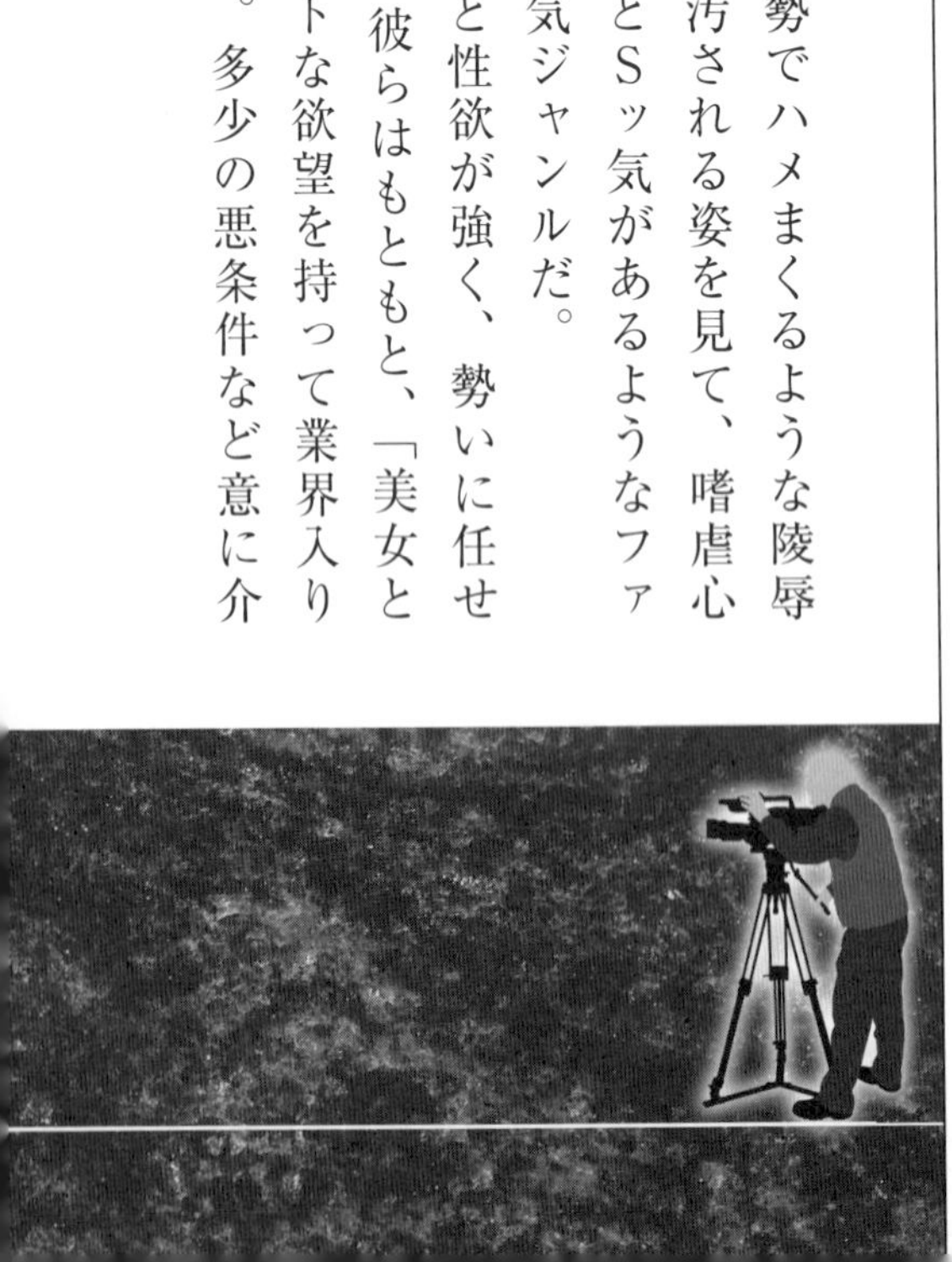

せず、豪快にヤリまくる姿が印象的な、「獣タイプ」の男優たちだ。

性欲が強い獣が大集合！ 彼が現場をコントロール

だが、彼らのような男優が集まると、女優を取り合ってしまい、女体があっちにいったり、こっちにいったり……というカオス的状況が発生したりする。そんなときに、必要なのが、滝本清志のようなまとめ役の男優だ。彼は、獣男たちが好き勝手にやろうとすると、女優の位置を巧みにコントロールして、監督が撮りやすい絵を作り出す。そして、締めには、自らもばっちりと挿入して、トドメの射精をキメる。その姿は、まるでサッカー強豪国のナショナルチームで、癖のある点取り屋たちをピッチ上で操りながらも、自ら点をとるファンジスタのよう

獣タイプの男優

とにかく勢いが必要な作品の際に、登場するパワフルな男優。AVも映像作品である以上、あくまで演技の範疇を残しながら行なうわけだが、もともと性欲が強くて、素の欲望を溢れさせるカラミはド迫力の一言だ。

だ。184ページで紹介した、大山さとるのように気遣いができる人も含め、周りをよく見ている人材は、どんな職業でも重宝されるもの。滝本は、人の和を観察する能力を、男優になる前の社会人時代に学んだ。

男優全員の気持ちを考えて……完璧な采配を！

「人材派遣会社に勤めていたとき、チームの管理を任されていました。そのときに学んだのが、部下一同へまとめて命令をするのではなく、ひとりひとりの性格や考え方を考慮して、バランスよい指示を出すことだったんです」

ＡＶ撮影現場では、周りにいる男優の気持ちを考えながら、サポートを自らが行なう。監督からは、「ベッド上の監督になるのが彼」と非常に高い評価を受けている。

CHECK WORDS 【ベッド上の監督】Director on The Bed

◎タイトなスケジュールのＡＶは、いちいち止めて指示を出していると時間がなくなるため、カメラが回ったら、一気に撮りきる場合が多い。重要なのが、ベッド上で監督的役割もこなせる、滝本のような男優だ。

第７発目

必要なことを完全網羅！

夢のAV男優に“なる方法”

今すぐ、応募してみましょう！

さまざまなＡＶ男優の世界を紹介してきました。
男優への道を歩みたいと思った方もいるはずです。
最後は、本書のタイトル「ＡＶ男優になろう！」
という目標をどうすれば達成することができるのか !?
について考えていきたいと思います。
ＡＶ男優になる方法、徹底的に解説いたします！

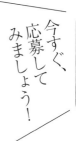

AVメーカーのホームページを今すぐチェック♪

メーカーが常時募集！汁男優募集に応募しよう

「ほとんどの人が経験する登竜門」

ほとんどの男優が、業界入りのきっかけとして、最初に経験するのが汁男優。自分でペニスをシゴき、女優に精液をかけるだけの仕事であり、技量はほとんど必要ではなく、オナニーをしたことのある男性であれば誰でもできるといえるだろう。

役割としては、作品に色をつけるための重要なポジションであるので、ほとんどのメーカーが常にホームページで募集をかけている。大手メーカーにもなると、毎日のように多くの希望者がメールで応募してくるので、ひとりひとり面接をする時間

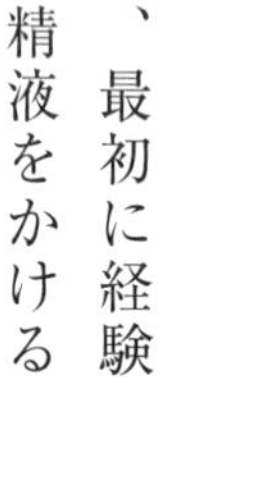

推奨者

ぶんぶん丸

（130ページより）

33歳

もなく、採用されれば基本的に撮影当日に担当者と初顔合わせとなる。そうして、まずは場数を踏むこと。できれば監督やADさんと仲良くなり、顔を売っておくといい。ただ、ぶっかけ作品などは汁男優が数十人もいたりして男臭が凄まじい場合もあり、そんなときは、撮影時間の都合などで射精しないまま終わってしまう悲しい事態もあるのであしからず……。

注意しなければならないのは、性病にかかっていない証明をしっかりとすること。医療機関にて性病検査を受けて診断書を用意してから現場に行こう。

いざ、撮影がはじまり、緊張して射精できなかったとしても、少し怒られてギャラがもらえない程度で済む。責任を取らされることはないし、憧れのAV女優をナマで見ることも当然できる。興味がある方は、お気に入りのAVメーカーのホームページを見て、ぜひ応募してみてはいかがだろうか。

CHECK WORDS【初撮影の注意点】First Careful

◎性病検査を受けた診断書を必ず持参すること以外に、髭を剃り、歯を磨いて清潔にしていくことが重要。できればシャワーを浴びてから家を出るといい。一般社会と同様に、第一印象が重要だ。

SNSが発達している現在……ネット上で弟子入りすることも可能！

SNSなどを駆使して現役AV男優と知り合おう

「仲良くなれれば即デビューも可」

推奨者
川辺卓郎
（188ページより）
40歳

　AVメーカーに応募して、汁男優からはじめるのが基本的なAV男優になる方法であるが、最近では、すでに男優として活躍する知り合いに紹介してもらう形で業界入りし、デビューする人もちらほらと出てきている。
　これまでにも、男優や女優の中には、「先に友達がやっていたから」というきっかけで業界入りした人も多い。ある男優は、「友達が急用で撮影に行けないから代わりに行かされたのがきっかけ」というバイトのシフトチェンジのような、面白パ

ターンにより男優業をはじめている。

仲のよい人であれば、メーカーにも紹介しやすく、一緒の撮影で共演する機会があれば〝いろは〟を教授しやすい。そのまま、その男優に弟子入りするのもいいし、悩み相談も真摯に受けてくれることだろう。ただし、紹介で業界入りした場合、下手を打てば責任が紹介元にいってしまうので要注意。そのあたりは、一般常識の範疇であり、社会人として気をつけなければならないところだろう。

ＳＮＳの発達により、現役のＡＶ男優や監督がファンと友人同士になる機会が増えている。有志にとっては、スマホがあれば簡単にメッセージが送れて、すぐに交流することが可能なのはうれしい限りだ。この方法は、非常に現代に合っているといえる。才能が見出されれば、汁男優やフェラ男優の段階を飛ばして即、カラミ男優になれるかもしれない？

CHECK WORDS 【SNSの利用】Use of SNS

◎有名な女優や男優でなくても、イマドキは日々の仕事っぷりをツイッターに載せている人が多い。お気に入りの男優を調べて直に連絡を取り、弟子入りしてしまうのが、〝AV男優になる方法〟の最短かもしれない。

まずはスタッフとして経験を積んでから、好きな企画で好きな女優と……

スタッフから男優デビュー AVメーカーに入社しよう

「これからのスタンダードに」

推奨者
木村ひろゆき
（著者）
35歳

事例としては少ないパターンではあるが、まずは、ＡＶメーカーに社員として入社し、ＡＶの〝いろは〟を覚えてから、男優に転向する方法もある。だが、ＡＶもさまざまな業務が入り乱れる映像制作の一端であるゆえ、決して楽なものではないかもしれない。近年は、数人で制作から営業までをこなすような少数精鋭のメーカーも増え、そういった会社は単純に仕事内容が多いため、ブラック企業とまではいかなくてもかなりの激務である場合もある。

だが、小さい会社であれば昇進も早く、あるマニアックメーカーでは、新人が入社して半年後には監督を任された例もある。監督になれば自分の権限でハメ撮り作品を作ったり、カメラマンを雇い、自らが男優として出演する（職権乱用と女優にとられることもあるので要注意！）機会を増やし、修行に替えることも可能なのだ。

このパターンでのし上がった人は、監督やADも兼ねる人が多く、予算が少ない撮影現場では、とても重宝されている。こういったタイプこそがこれからのスタンダードになる可能性すらあるだろう。

男優として芽が出なかった際に、スタッフとして働ければいい、という逃げ道があるのも有利な点だ。苦労は1番多いかもしれないが、経験こそ人生の糧と考えるような貪欲な方にはぜひオススメの方法である。

CHECK WORDS 【マルチなAV男優】Multi Player

◎182ページでも紹介したように、AV男優の中にはスタッフ業もこなせる人がいる。カメラを使える人であれば、女優がいるだけで撮影ができるため、非常に安価な制作費で作品を作ることが可能になる。

売れるアイデアがあれば、敏腕プロデューサーにもなれるかも……

会社訪問飛び込み営業
自ら企画を持ち込もう！

「僕の初体験を撮影して欲しい」

メーカーにお金を出資させる形になるため、敷居が高いと思われるかもしれないが、自分が出演したい企画を持ち込んで作品を作ってしまう方法もある。これは、実は、ＡＶ業界では古くから行なわれており、「童貞筆下ろし作品」や「本物のカップルや夫婦作品」などの素人企画に多くみられる形式だ。

スワッピング作品の場合、自分が男優として出演するだけでなく、相手となる女性も一緒に誘わなければならないなどの手間もあり、単純に自分がＡＶ男優になるためのステップという

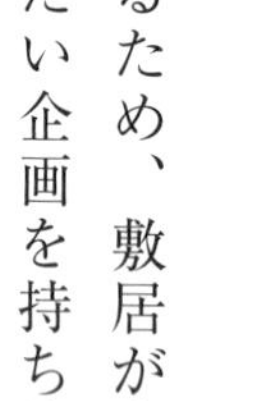

推奨者

大橋夫妻

（164ページより）

共に65歳

趣旨は薄いが、それによりヒット作を制作してメーカーに入社した強者もいる。彼はのちに、フリーランスの売れッコ監督になって、今でもハメ撮り作品を作り続けている。

また、自ら「僕の初体験を撮影して欲しい」とメーカーに進言して童貞筆下ろし作品に出演後、初体験だったにもかかわらずカメラの前で勃起できたことを評価されて、監督からスカウト、やがて人気男優にまで成り上がった者もいる。

もし、童貞であることに悩んでいる人や、セックスしたいが女性とは縁が薄いと落ち込んでいる人、AVが好きで好きでたまらないという人がいたら、風俗なんかで簡単に欲望を解消しないでほしい。汁男優募集と同様、企画募集も常に行なわれているので、妄想力を極限まで働かせて面白い企画をメーカーに提案しよう。やがてAV男優、もしくは監督としてスターになれる未来が待っているかもしれないのだ！

CHECK WORDS【童貞は貴重】Valuable Assets

◎筆下ろしものは鉄板といっていい人気ジャンル。本物の童貞であればかなりリアルな作品をつくれるため、どこのメーカーも重宝する傾向にある。相手はベテランの人気女優が務める場合が多い。

必要なのは、とにかく〝誰とでもヤリたい気持ち〟です……

いつも超サ○ヤ人状態に!? 常に性欲の炎を燃やすべし

「すぐ興奮状態になれるように」

ここからは、ＡＶ業界に入ったあとに、習慣として気をつけるべき事柄を紹介しよう。まず、最初は「性欲の維持」について。ＡＶが性行為を撮影するというものである以上、常に性欲を解放した状態でいることが大切だ。たとえ、大木のようなペニスを持っていても、性欲が湧かなければ勃起はしない。逆に、ポテンシャルは強くても仕事である以上、「好みの女優でなければ興奮しません」などというワガママも絶対にまかり通らない。睡眠不足で体調が悪かろうと、相手の女優がタイプでなか

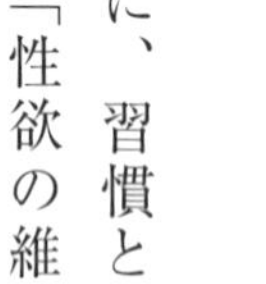

推奨者

田中樹

（148ページより）

37歳

ろうと、常に欲情MAX状態でいることが必要不可欠なのだ。

そのために、常日ごろからエロいことを考えて、オートマチックに興奮状態になれるようにしておくといい。街中ですれ違う女性は、必ず目で追う。さらに、その女性との情事まで想像し、意外にヘアが剛毛でそれを指摘すると恥ずかしがるとか、おとなしそうな顔をしているけれど、騎乗位でガンガン責めてくるとか……とにかく妄想をし続けるのだ。むしろ、常に勃起している状態を目指すくらいの気持ちで、頭をフル回転させているくらいがちょうどいいかもしれない。某人気バトル漫画の主人公親子が、フルパワー状態を維持したまま修行していたことがあったが、まさにアレである。

つまりは、性欲を解放→勃起、その一連の動作に慣れるというわけだ。さすれば、どんな女性が相手でも、どんな状況でも、素晴らしい性行為を完遂できるようなることだろう！

CHECK WORDS【AV男優の性欲】Actor's Lust

◎彼らは常人よりはるかに高い性欲を持つ。だからこそ、AV男優になったとも言えるが、人気のある男優ほど、その継続に心血を注ぐもの。撮影後、家に帰り、エロ本を開いてオナニーするといった人もザラである。

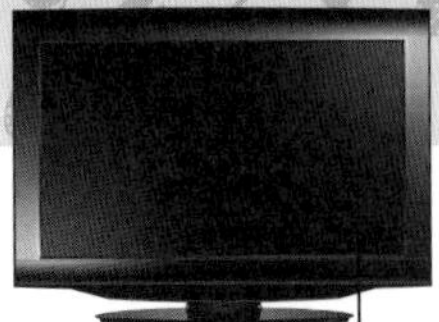

鶏のささみに山芋、納豆……糖質オフ生活でライ○ップ!?

最高のSEXをするために知っておきたい究極の食事

「ストイックさはアスリート以上」

推奨者

甲信亮

（144ページより）

25歳

ＡＶ男優は皆、１本何万円ものギャラをもらい、月収は数百万円以上、高級車を乗り回し、いい服を着て豪遊する……。彼らに、そんなイメージを持つ方は多いかもしれない。確かに、人気男優ともなれば月収１００万円以上の人もいるし、車好きであれば高級車を何台も所有している人もいる。しかし、食生活に関して言えば、彼らは実に質素だと言えるだろう。多くの男優が、主食として好んで食べるのが、鶏のささみや納豆、卵の白身など、値段が安く、高たんぱくなものばかりで、からだ

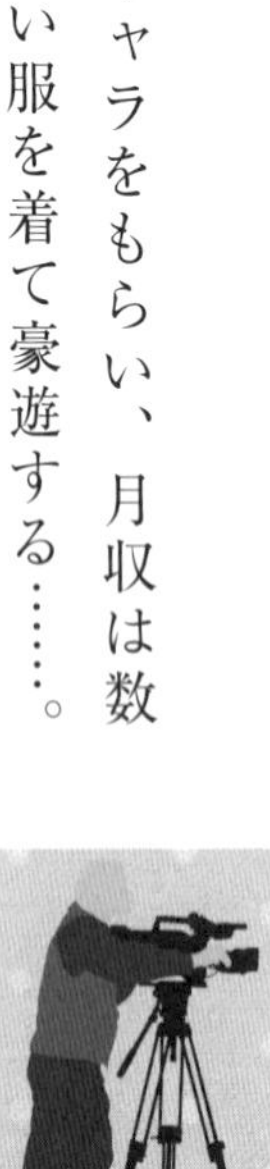

が資本であるがゆえに、非常に気を遣った食事を心がけている。ラーメンや揚げ物など、脂質が多く味の濃い食品は基本的に摂取しようとはしない。

そして、ジム通いをしたり、自宅でもできる筋トレなどのトレーニングで筋肉をつくる。アルギニンや亜鉛のサプリメントもよく口にし、勃起力向上や精液の量を増やす努力も怠らない。撮影のあとに、スタッフたちと食事に行くこともちろんあるが、男優の多くは自分で設けた、「呑んでいい日」以外の飲酒を避け（車や自転車で現場に来る人が多いという理由もある）、睡眠時間もきちんと確保し、体調管理もしっかりしていて、風邪も引かないという、実に健康的な生き方をしているのだ。それらはすべて、いいSEXをカメラの前で披露するためであり、そのストイックさはアスリート以上と言ってもいいかもしれない。

CHECK WORDS 【AV男優の食生活】Dietary Habit

◎高たんぱくの食材のほかにも、体調を整えるサプリメントをよく摂取する彼ら。カバンの中には、アミノ酸や各種ビタミンの錠剤などを大量に持参している。撮影現場では、それらを飲む姿もよく見られる。

職業である以上、やっぱり欠かせない……ＡＶ男優たちの人間関係上の心がけ

稼げるようになるため……人に好かれる男を目指せ！

「大事なのは〝人となり〟です」

推奨者

大山さとる

（184ページより）

37歳

稼げているＡＶ男優とはどんな人かを強いて言えば、それは、「常識があり、人に気を遣える」人間だ。もし、「非常識そうな仕事ランキング」などといったアンケートがあったとしたら、上位に食い込んできそうなのがＡＶ男優かもしれないが、ＡＶ制作の現場も人が集まって、ものを作る場であることに変わりはなく、結局のところ、スタッフから好かれて毎回のように声をかけられる男優には、人間ができた人が多いのである。

しかし、なにも聖人であれというわけではなく、現場入りの

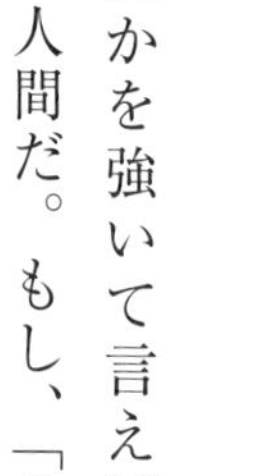

際は挨拶をする、ギャラを受け取ったらきちんとお礼を言う、わからないことはちゃんと聞くなどといった、あくまで一般社会においても常識とされることができる程度でいい。その上で、荷物運びを手伝ったり、指定された入り時間より必ず30分前には来るといった気遣いができる人が、のし上がっていく。なかには古い付き合いのある監督が呼んでくれる際は、愛煙するたばこと好きなコーヒーを、必ず差し入れするのを10年以上続けているという男優もいる。

常人には理解できない部分を披露するのは、カメラが回っている最中だけでいい。たとえ、天才的にＳＥＸがうまいとしても、挨拶やお礼ひとつできないような人間だったら嫌われて当然だ。もし、男優を志し、その夢が叶ったとしたら、それまでにお世話になった人のことは絶対に忘れず、いつか恩返しをするように心がけよう。

CHECK WORDS【AV男優の気遣い】Attention

◎売れっコであるほど、ほかの男優やスタッフによく気を遣う。彼らは、基本的にフリーランスであるため、守ってくれる人もなく、干されてしまっても自己責任。そのため、人間関係を非常に大事にしているのだ。

毎日せんずりを心がけ……精液生産能力を高める為にもシコシコしまくる!!

いつでも射精できるように オナニーをたくさんしよう

「射精することに慣れておくこと」

推奨者
木村ひろゆき
（著者）
35歳

仕事として、毎日ＳＥＸをしているＡＶ男優はオナニーなんかしない、と思っている方も多いだろう。確かに、「精液を溜めておくために無駄打ちはしない」という考えの男優が多数派かもしれないが、たとえば、デビューしたての新人男優などにとっては、修行という意味でオナニーは毎日、それもオカズは妄想でまかない、回数もできるだけ多くしたほうがいい。普段から勃起して射精するというプロセスに慣れておくことと、何度も射精すること、さらに強い妄想力は、ＡＶ男優を続けて行

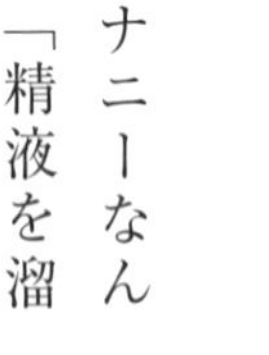

く上で絶対に必要となる能力だからだ。

撮影現場では、男優にとってのさまざまなアクシデントがあって、ベテラン男優でも射精に苦労してしまうのは往々にしてあること。そういったときに、目の前の状況を無視して頭の中で興奮材料をつくり、淡々と射精を行なえる男優は非常に重宝されるのである。

「オナニーしすぎると膣でイケなくなる」という話もよく耳にするが、それはペニスが快感を感じる圧力を、手のほうが施しやすいからであって、オナニー行為自体が悪いわけではない。その問題は、サオを強く握るのではなく、指だけを使って優しくつまむようにすれば解決できるだろう。私は毎日最低3回のオナニーを心がけている。そのおかげで、喘ぎ声をまったく出さない完全にマグロの女優が相手でも、超高年齢の女優が相手でも、勃起と射精で失敗したことはほとんどないのだ！

CHECK WORDS【自慰行為】Masturbation

◎実は、AV撮影時においても、オナニー的行為をする機会はわりとある。監督の指示が入って流れが中断したりした際、勃起状態を維持するためにペニスをシゴき続ければならないといった場合である。

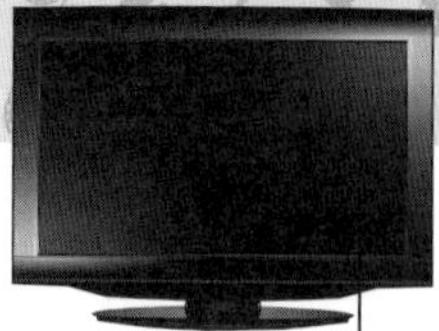

万が一性病にかかってしまったら……最大の驚異から身を守るには？

罹患したら業務停止！性病の正しい予防方法

「風俗は絶対に行ってはならない」

AV男優にとって、最大の驚異は性病であるのは言うまでもない。罹患が発覚した時点から完治するまで、当然、仕事ができなくなるからだ。定期的な性病検査が義務付けられているとはいえ、各人のプライベートでの性生活を制限できるわけではなく、正直な話をすると、男優も女優もすべての人がいつでも潔癖であるとは言い切れない。それは、性産業界に生きる人たちの宿命とも言えるので仕方のないところだが、しっかりとした予防を心がけることが大切だ。

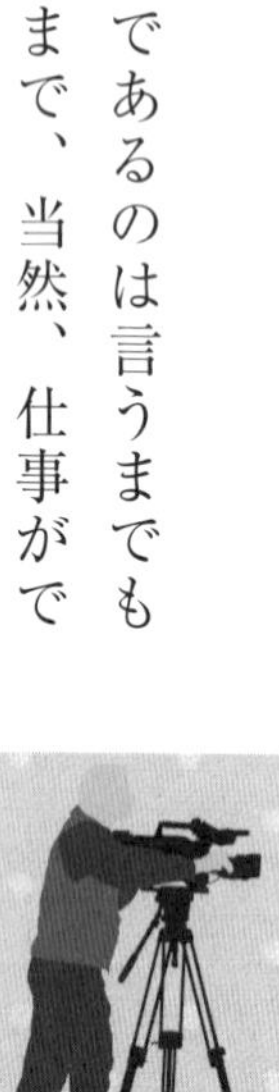

推奨者

猪狩きいち

（140ページより）

26歳

まずは、当たり前の話だが、常に健康であるようにする。性病に罹患するというのは、ウイルスや菌がからだに侵入したあと、繁殖してしまった状態を指すので、つまりは健康で免疫力が高ければ、繁殖する前に死滅させられる可能性が高いのだ。

次に、プライベートでは信用できる女性（妻や恋人）以外と性的接触はしないようにすること。ましてや、風俗などには絶対に行ってはならない。現在、さまざまな性病の1番大きな発生源としてのコミュニティは、風俗だと言われている。

また、衛生面に気をつける。男優は皆、イソジンや口内洗浄液を常に携帯し、常日ごろから使用している。ほかにもAV出演者は、それぞれに独自の予防法を習慣づけているもの。それでも性病にかかってしまった場合は、被害をまき散らさないように、発覚した時点で監督やスタッフに連絡をして、正直に申告し、迅速な治療を受けるようにしよう。

CHECK WORDS 【性病の治療】Treatment

◎淋病やクラミジアといった、治療が比較的容易な性病ほど感染力が強くかかりやすい。個人の免疫力にもよるが、AV男優たるもの、まず、プライベートではできるだけ性交渉の機会を持たないことだ。

要注意!!　高収入者となった場合……高額納税の義務が発生する！

男優の職業は「個人事業主」確定申告をきちんとする

「年収を調整する男優もいる」

推奨者

ラバカ佐藤

（76ページより）

27歳

職種としてのＡＶ男優は、何であるかご存じだろうか。基本的に彼らは、どこにも所属せず、メーカーや制作会社から直接仕事を受けて給与をもらう、フリーランスとして生計を立てているので、「個人事業主」に分類される。つまりは毎年度、収支の確定申告をし、自らによる手続きで、納税や保険料を自治体に収めることが必要となる。

人気男優となり年収が１０００万円にもなると、納税額や保険料も莫大になるので注意が必要だ。ある男優は、年収が高く

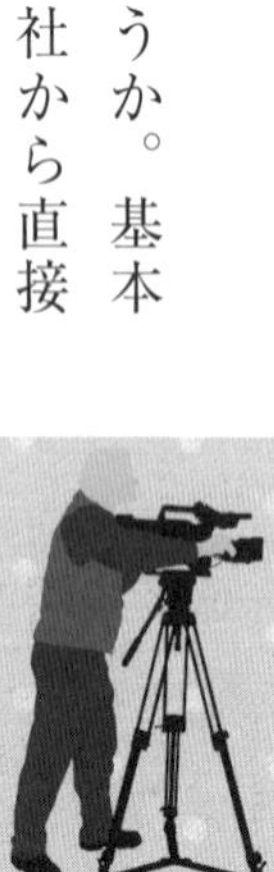

なりすぎないように調整し、年の後半はあまり仕事を受けなかったり、あえてギャラを下げるようにしたりもしている。

確定申告の際に経費として認められるのは、仕事上で必要なものを購入した分に限られるので、コンドームや特別な衛生用品、衣装などがそれに当たるだろうか。移動に必要だからといって、趣味で購入した高級車などは経費にはできないだろう。後輩男優や仲のいいスタッフに食事をおごった場合などは、接待交友費として認められるかもしれない。ある売れっコAV男優は、毎日のように撮影があって忙しいことを理由に、数年間にわたり確定申告を怠ってしまった。するとある日、税務署からの報せが届き、1000万円近くの追徴課税金を払うハメになったという。

AV男優だって国から認められている立派な職業。国民としての義務はしっかりと遂行するように心がけよう。

CHECK WORDS 【AV男優と領収書】Receipt

◎確定申告の際は経費計上も行なう。撮影の際に必要なものは、衛生用品から、準備を命じられる衣装など、わりと多岐にわたる。それらを購入した際は、領収書をもらい、管理をきちんとしておくこと。

つまらない偏見になど負けず……自分の意思と夢を貫き通せ!!

身内に出演がバレた……!! その場合はどうするべきか

「あなた、ＡＶ男優やってるの?」

推奨者
高橋秀人
(170ページより)
30歳

ＡＶに出演する者にとって最大のネックとなるのは、親や恋人に内緒にしていた場合にバレてしまうことである。近年では女優のアイドル化が進み、よりオープンな世界となりつつあるＡＶ業界ではあるが、まだまだ、偏見の矛先であることは変わりなく、出演がバレてしまって親から勘当されたり、恋人と破局してしまったというのはよくある話だ。

しかし、何もＡＶに出演したからといって、命を取られるわけではないし、最近の出演者たちには、お金に困って仕方なく

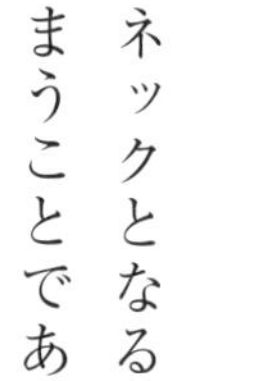

業界に入る人も少なく、純粋にＡＶの仕事が好きで来ている人が多いのも確かな事実。理解されるのは難しいかもしれないが、ＡＶ男優になろうとするのであれば、できるだけ身の周りの大切な人たちにはカミングアウトしておくといいだろう。

ある若手人気男優Ｍは、実家に住みながら男優業を続けていたある日、衣装となる黒のボクサーパンツを毎日のようにベランダに干していたら、母親から、「ＡＶ男優でもやってるの？」と指摘されてしまったそうだ。正直に告白をすると、「からだには気をつけてね」とエールをもらい、認めてくれたという。

それは、Ｍの母親が非常に寛大な人だっただけかもしれないが、本気で好きで頑張っているのを伝えれば、意外とわかってくれるものだということを示した例とも言える。後ろめたい気持ちを抱えたままでは、どんな仕事をするのも楽しくない。皆、胸を張って堂々とＡＶ男優になろう！

CHECK WORDS 【引退理由】Resignation Reason

オファーがなくなり稼げなくなるのがもっとも多い引退理由だが、それに次ぐのが身内にバレてしまい、辞めるように進言されることだろう。特に男優の場合、結婚を控えている恋人からというのが、もっとも多い。

後戯《あとがき》

本書を書き終えて……脳裏によみがえる苦難の連続そして明るい未来への展望

愛すべき男たちと、これからもずっと……

本書の入稿の締め切りが迫っていた9月上旬。担当編集をしてくれた伊勢社長と、彼の部下の町田氏から、私は毎日のように追い込まれていた。「ネタ何本できた？」「タバコを吸う暇があるなら1文字でも書け」「臭いから銭湯行ってこい」と、まるで古代エジプトのピラミッド建設現場で、鞭をしばかれる奴隷のような扱い。隣の席にいた編集アルバイトの鳥居氏は、その光景を見て、何が面白いのかゲラゲラと笑っていた。

そんな風に苦しかった執筆期間が、ようやく終わりをむかえようとしていたある日のこと。深夜に1本の電話がかかってきた。翌日は那須塩原へのロケで、その撮影に参加する予定だった1人の男優からだった。

「オナニーし過ぎてペニスから血が出たので、明日、行けません」と言い、彼は一方的に電話を切ったのだ。何度折り返しても電話に出ない。後日、事情を聞くと、そのときに撮影した巨乳人気女優M・Aのことが大好きで、撮影まで待てずにシゴきまくってしまったらしい。「彼女への想いが強すぎたせいで、逆に現場に行けなかった。本当に辛かったです」

いや、辛かったのは俺だから。君のせいで空いた枠を埋めるために、朝方まで代役を探しまくって、寝ずに撮影に行ったんだぞ……。その旨を伝えても、彼はただ遠くを見て涙ぐむばかり。本当に泣いていたので、怒る気も、恨む気も失せてしまった。

そんな、何だか憎めないような、むしろ愛らしささえ感じる男たち。それがAV男優だ。彼らとの毎日はこれからも続くだろう。皆さま、なにとぞ応援のほどよろしくお願いいたします。

木村ひろゆき

AV男優になろう！

著　木村ひろゆき

発行日　2018年10月23日　初版発行
発行人　三上充彦
発行所　（株）笠倉出版社
〒110-8625
東京都台東区東上野2-8-7 笠倉ビル
営業・広告　0120-984-164

企画・編集　株式会社伊勢出版
印刷・製本　株式会社三共グラフィック

ISBN978-4-7730-8924-0